Dieses Backbuch
gehört ...

_____

LOW CARB

Backen

STREIFENTORTE
MIT DREIERLEI FRÜCHTEN

Seite 24

ZITRONENKUCHEN
MIT CHIASAMEN

Seite 35

KUCHEN essen
nicht vergessen!

Damit es auf Ihrer Kaffeetafel niemals langweilig wird, finden Sie auf den **Seiten 18 bis 61** diese und viele andere Kuchen und Torten.

Seite 46

KOKOS-RAHM-
KUCHEN

BLACK FOREST CUPCAKES

Seite 62

BROWNIES

Seite 69

Ein süßes STÜCK vom Glück

Solche kleinen, feinen Köstlichkeiten machen Ihren Kaffee-klatsch zur begehrtesten Einladung der Stadt. Die Rezepte dazu gibt's auf den **Seiten 62 bis 95.**

Seite 64

VANILLE-MUFFINS

Bis auf den letzten KRÜMEL

Es grenzt an Zauberei, ist aber ganz easy: Auf den **Seiten 96 bis 127** verrate ich Ihnen meine Low-Carb-Varianten für Brot, Brötchen und Pikantes.

Seite 108

PIZZABRÖTCHEN

ZAUBEREI ...
glauben Sie daran?

Ich eher nicht! Aber ich glaube ganz fest an den Zauber. An den Zauber des ersten Augenblicks, den Zauber, den manche Tage schon frühmorgens haben, an den Zauber, der von besonderen Menschen ausgeht. „Jedem Anfang wohnt ein Zauber inne", heißt es – und sieht man Dinge positiv und optimistisch, ist es durchaus so. Man muss nur offenbleiben für das, was einem das Leben zeigt, Gelegenheiten beim Schopf packen und auch mal Bedenken zur Seite schieben.

Mein persönlicher Zauber begann Ende 2014, als ich einen ganzen Haufen Bedenken zur Seite schob und begann, auf Facebook meine Low-Carb-Rezepte zu posten. Ich, die davor viele Jahre alle Aktivitäten meiner Kinder auf dieser Plattform sehr skeptisch beäugt hatte, bin inzwischen deutlich mehr online als sie. Denn gerade meine Low-Carb-Bäckerei kam bei den Lesern so gut an, dass sich mein ganzes Leben dadurch veränderte.

Dieser Anfang hatte also definitiv einen sehr großen Zauber, und der zauberhafte Glitzer hörte nicht auf zu sprühen, bis heute nicht! Meine kleine Welt, der gepunktete Blog „Holla die Kochfee", ist seitdem mein größtes Hobby, mein liebster Zeitvertreib und bringt täglich Neues in mein Leben! Fast zwei Millionen Mal wurden die Rezepte bereits angeklickt, Zehntausende Fans folgen mir auf Facebook – und ich bin heute genauso wie am Anfang glücklich über jeden Einzelnen von ihnen.

Und als würde all das nicht schon genug sein, legte der Zauber dieses Jahr noch einen drauf: Der Feenstaub kam in Form eines Anrufs am Rosenmontag, am Telefon die Verlagschefin mit der Frage: „Feiern Sie gerade Fasching oder haben Sie Zeit, über ein Low-Carb-Buch zu sprechen? Das würden wir nämlich gerne mit Ihnen machen." Was für ein Glück, dass ich ein Faschingsmuffel bin und, statt als Fee verkleidet irgendwo Polonaise zu tanzen, am Schreibtisch saß. Natürlich wollte ich ein Buch; von Anfang an wurde ich fast täglich von meinen Lesern danach gefragt!

Trotz aller beruflichen Verpflichtungen schob ich also ein weiteres Mal alle Bedenken ganz weit weg und bin glücklich, Ihnen heute das Ergebnis zu zeigen: Süßes und Deftiges, Kleines und Großes für alle, die sich gesund ernähren möchten, ein paar Pfund abnehmen wollen, die so wie ich aus familiären Gründen Diabetes vorbeugen oder trotz der Krankheit Süßes genießen wollen. Ohne konventionellen Zucker, ohne Weißmehl, ohne Reue, dafür mit 100 Prozent Liebe und ein wenig Feenstaub gebacken!

Lassen Sie sich verzaubern, genießen Sie, seien Sie kreativ! Ich wünsche Ihnen viel Vergnügen dabei!

Ihre *Petra*

Petra Hola-Schneider, Holla die Kochfee

Gestatten, dass
WIR UNS VORSTELLEN

Egal, was in der Low-Carb-Bäckerei auf dem Programm steht:
Wir sind für die Hauptrollen fest gesetzt. Warum? Weil wir in
jedem Teig eine gute Figur machen und vermeintlichen Stars wie
Zucker und Mehl kohlenhydratmäßig eh die Schau stehlen.
Sie möchten uns näher kennenlernen? Bitte sehr ...

BIRKENZUCKER

Obwohl ich meist aus Buchen- und nur selten
aus Birkenholz entstehe, nennt man mich gerne
Birkenzucker. Achten Sie beim Einkauf unbedingt
darauf, dass ich ein Premiumprodukt bin – aus
europäischem Holz und nicht aus asiatischem
Mais hergestellt. Dann können Sie sicher sein, dass
ich nicht gentechnisch manipuliert wurde. Meine
Stärke: Ich süße so stark wie gängiger Haushaltszucker, habe aber im Vergleich 40 Prozent weniger
Kalorien (etwa 240 pro 100 g). Denn meine Süße,
genannt Xylit, wird vom Körper nicht vollständig
aufgenommen. Mein GLYX (also der glykämische
Index) liegt bei durchschnittlich 10, damit bin ich
auch für Diabetiker ein echter Glücksfall.

CHIASAMEN

Wir sind die Samen der mexika-
nischen Chiapflanze und machen
gerade als Superfood Karriere. Dabei
haben die Mayas unser gesund-
heitsförderndes Talent schon vor
Jahrtausenden entdeckt. Weil wir
stark quellen, sind wir eine Wohltat
für den Darm, sollten aber – wie
Leinsamen – stets mit ausreichend
Wasser aufgenommen werden. Mit
Flüssigkeit versetzt, werden wir zu
einer Art Pudding. In kleinen Mengen
untergemischt, geben wir Gebäck
einen besonderen Knuspereffekt.

FLOHSAMENSCHALENMEHL

>> Den Preis für den witzigsten Namen habe auf jeden Fall ich verdient! Und ich habe eine Menge perfekter Eigenschaften: Ich mache zum Beispiel richtig satt, weil ich stark aufquelle, sobald ich mit Flüssigkeit in Berührung komme. Die Pflanze, an der meine Samen wachsen, die wie kleine Flöhe aussehen, heißt botanisch Plantago ovata (für den Fall, dass Sie mal mit Backexperten-Wissen glänzen möchten). Diese kleinen „Flöhe" werden nach der Pressung vermahlen – das Ergebnis bin ich, mit 2 g Kohlenhydraten und unter 1 g Fett pro 100 g. Der Körper kann fast nichts von mir aufnehmen, aber 88 g Ballaststoffe sorgen für eine gesunde Verdauung. <<

KOKOSMEHL

>> Mir macht man häufig Komplimente, weil ich so wunderbar nach Kokos dufte. Kein Wunder, nach der Kokosölpressung werde ich aus dem Presskuchen vermahlen. Besonders attraktiv finden mich Kuchen und Plätzchen, aber auch Brötchen wickele ich mit meinem feinen Urlaubsaroma um den Finger. Sehr anziehend wirke ich auf Flüssigkeiten – deshalb muss man mich vorsichtig dosieren: Weniger als die Hälfte der normalen Weißmehlmenge reichen aus. Würde man mich 1:1 wie Mehl einsetzen, ergäbe dies einen Kuchen, der von der Konsistenz her eher an Beton erinnert. Ich bringe nur etwa 22 g Kohlenhydrate und 18 g Eiweiß, aber 42 g Ballaststoffe mit (jeweils pro 100 g). Deshalb bin ich auch für den Darm sehr wertvoll! <<

MANDELMEHL

>> Ich bin der unangefochtene Star der Low-Carb-Bäckerei – das kann ich wohl mit gutem Recht behaupten. Besonders fein schmecke ich, wenn man mich aus geschälten spanischen Mandeln herstellt. Genauer gesagt werde ich aus dem Presskuchen, der dabei entsteht, fein vermahlen. Im Laden heiße ich dann „helles, entöltes Mandelmehl". Mein größtes Plus im Vergleich zu Weizenmehl: Ich habe nur ein Zehntel der Kohlenhydrate! Auch sonst kann ich mit Top-Werten punkten (36 g Eiweiß, 12 g Fett und 7 g Kohlenhydrate pro 100 g), weshalb man mich bedenkenlos für jede reuelose Nascherei verwenden kann: ob im Biskuit oder im Cupcake, ob im Schoko- oder im Mürbeteig. Ein echtes Allroundtalent eben! <<

GOLDLEINMEHL

>> Wenn Sie mich bislang noch nicht kennen, sollten Sie das schnell ändern: Ich entstehe bei der schonenden Kaltpressung von Goldleinsaat und bestehe bis zu 14 Prozent aus Leinöl! Das ist bekanntlich supergesund, weil es eine hohe Dosis an Omega-3-Fettsäuren und fast 30 Prozent Eiweiß enthält. Und gleichzeitig sagenhaft wenig Kohlenhydrate, nämlich nur 6 g pro 100 g. Mein milder Geschmack macht mich zum idealen Basismehl für Brote und Brötchen. <<

WALNUSSMEHL

Nach der Pressung von Walnussöl werde ich aus den Nussresten fein vermahlen. Verglichen mit meinen Low-Carb-Verwandten bin ich sehr geschmacksintensiv und kann in kleinen Mengen zu etwas neutraleren Mehlen hinzugefügt werden, was mich bei Broten oder Brötchen sehr gefragt macht! Besonders wertvoll sind außerdem meine Fette, die das Gehirn auf Trab bringen.

MEHR INFOS

Sie sind nicht sicher, welche Produkte Sie kaufen sollen? Zu allen wichtigen Quellen und Herstellern finden Sie einen Beitrag auf **www.holladiekochfee.de**: einfach bei „Meine Backzutaten" nachlesen!

LEINMEHL

Sie wollen ein Mehl, nahezu frei von Kohlenhydraten? Voilà, hier bin ich! Aus Leinsamen hergestellt, die nach der Pressung sehr fein vermahlen werden, habe ich sage und schreibe nur 4 Prozent Kohlenhydrate! Mein Geschmack ist nussig, etwas intensiver als der von Goldleinmehl. Ich komme gerne zum Einsatz, wenn Brote besonders kohlenhydratarm sein sollen.

SESAMMEHL

Auch ich entstehe durch die Pressung der Sesamsaat, idealerweise einer schonende Kaltpressung, bei der – ähnlich wie beim Leinmehl – noch bis zu 12 Prozent Sesamöl erhalten bleiben. Mit 18 g Kohlenhydraten und 31 g Eiweiß auf 100 g bin ich ein echtes Low-Carb-Schätzchen. Ich schmecke nussig und peppe Brötchen und Brote so richtig auf.

SÜSSEN WAR GESTERN

Ich süße keine der Aromasahne-Varianten – die Kuchen oder Cupcakes sind mir süß genug! Sie können die Sahne, bevor Sie sie aufschlagen, aber gerne noch mit etwas Puderbirkenzucker nach-süßen: Der löst sich schnell auf.

KAFFEE-SAHNE

SO GEHT'S: In einem kleinen Topf 200 g Sahne aufkochen, für einen dunkleren Farbton nach Belieben noch 1 TL Instant-Espressopulver hinzu-fügen. 2 EL Kaffeebohnen dazugeben und 1 Minu-te köcheln lassen. Dann abkühlen und zugedeckt mindestens 12 Stunden (am besten über Nacht) im Kühlschrank ziehen lassen. Am nächsten Tag die Sahne durch ein Sieb gießen und wie gewohnt aufschlagen.

PASST GUT ZU: Schokokuchen (wie Kladdkaka, Seite 20, Brownies, Seite 69, oder Schokokuchen mit Birnen und Pecannüssen, Seite 32). Weniger geeignet für Obstkuchen.

TÜLLEN-ZAUBER: kleine Sterntülle

FRUCHT-SAHNE

SO GEHT'S: 30 g gewaschene bzw. geputzte Früch-te nach Wahl (z. B. Erd-, Him-, Heidelbeeren oder Aprikosen) in einem hohen Rührbecher mit dem Stabmixer fein pürieren. Das Püree nach Belie-ben mit 1 EL Birkenzucker süßen. 200 g Sahne mit 1 Päckchen Sahnesteif steif schlagen und das Fruchtpüree unterheben.

PASST GUT ZU: Rührkuchen mit Obst (Zitronen-kuchen mit Chiasamen, Seite 35, oder Erdbeer-Mini-Gugel, Seite 78).

TÜLLEN-ZAUBER: Rosen- oder Blatttülle

Lauter süße
I-TÜPFELCHEN

Sahne kann auch anders! Mit einem simplen Trick bekommt sie einen wunderbaren Aroma-Kick – ganz ohne Zucker! Und mit verschiedenen Spritztüllen können Sie den süßen i-Tüpfelchen im Handumdrehen einen zauberhaften Look verpassen.

TONKA-SAHNE

So geht's: In einem kleinen Topf 200 g Sahne aufkochen. 2 ganze Tonkabohnen dazugeben und 1 Minute köcheln lassen. Dann abkühlen und zugedeckt mindestens 12 Stunden (am besten über Nacht) im Kühlschrank ziehen lassen. Die Sahne am nächsten Tag durch ein Sieb gießen und wie gewohnt aufschlagen.

Passt gut zu: Schokoladenteigen oder als Füllung für eine Biskuitroulade (Seite 54).

Tüllen-Zauber: Blütentülle bzw. geschlossene Sterntülle, fein oder normal

TONKABOHNEN-LIEBE

Die Tonkabohne gehört zu meinen Lieblingszutaten. Von der Struktur her ähnelt sie der Muskatnuss – sie duftet wunderbar nach Karamell und Vanille. Ich reibe sie in viele Süßspeisen, für die Aromasahne verwende ich sie aber im Ganzen.

Das Beste kommt
ON TOP

Cremes und Frostings sind das perfekte Make-up für kleine Kuchen: Mit der richtigen Konsistenz und verführerischen Farben sorgen sie für begeisterte „Ahs" und „Ohs" an der Kaffeetafel. Ein tolles Topping macht sogar aus einem schlichten Vanillemuffin einen Kuchenstar mit Glamour-Faktor!

SPEKULATIUS-TOPPING

So geht's: 200 g Frischkäse (Doppelrahmstufe) mit 2 EL Birkenzucker und dem ausgekratzten Mark von 1 Vanilleschote so lange aufschlagen, bis sich der Zucker aufgelöst hat. Je nach Geschmack ½–1 EL Spekulatiusgewürz dazugeben und unterrühren. 100 g Sahne sehr steif schlagen und vorsichtig unter die Frischkäsemasse heben. In einen Spritzbeutel füllen und 1 Stunde kühl stellen.
Passt gut zu: Schokokuchen mit Birnen und Pecannüssen (Seite 32) und Zwetschgenstreusel auf Mohnmürbeteig (Seite 43).
Tüllen-Zauber: große Sterntülle

TAUSCHTIPP
Statt Spekulatiusgewürz können Sie auch Lebkuchengewürz verwenden – oder einfach nur Zimtpulver oder gemahlenen Kardamom.

VANILLE-LIME-FROSTING

So geht's: 100 g weiche Butter mit 200 g Frischkäse (Doppelrahmstufe) und 30 g Puderbirkenzucker schaumig aufschlagen. Das Frosting mit dem ausgekratzten Mark von 1 Vanilleschote, 1 EL Limettensaft und 1 TL abgeriebener unbehandelter Limettenschale aromatisieren. Dann in einen Spritzbeutel füllen und 1 Stunde kühl stellen.

Passt gut zu: Rührkuchen mit Obst (Zitronenkuchen mit Chiasamen, Seite 35) oder Rührteig-Minis (wie Mandel-Chia-Gugelhupfe, Seite 82, Vanillemuffins, Seite 64, und Brownies, Seite 69).

Tüllen-Zauber: große Blütentülle bzw. geschlossene Sterntülle

SCHOKOMOUSSE

So geht's: In einem kleinen Topf 200 g Sahne erhitzen. 50 g Zartbitterschokolade (mind. 90 % Kakaogehalt, oder Low-Carb-Schokolade) grob hacken und in der Sahne auflösen. Zugedeckt mindestens 12 Stunden (am besten über Nacht) abkühlen lassen. 100 g Sahne aufschlagen. Die Schokosahne mit einem Schneebesen gut aufschlagen und die geschlagene Sahne unterheben. Die Mousse in einen Spritzbeutel füllen und 1 Stunde kühl stellen.

Passt gut zu: Schokokuchen (wie Kladdkaka, Seite 20, Brownies, Seite 69, Lava Cakes, Seite 70) oder hellen Teigen (wie Vanillemuffins, Seite 64, oder Biskuitroulade, Seite 54).

Tüllen-Zauber: sehr große Sterntülle, für größere Formen auch eine Lochtülle

DIE SCHOKOLADE MACHT'S …

Je nach verwendeter Schokolade können Sie das Aroma der Mousse beeinflussen. Bei den Salted Caramel Cupcakes (Seite 66) schmilzt man z. B. Low-Carb-Karamell-Schokolade in heißer Sahne. Anstelle von Sahne kann man auch Mascarpone verwenden.

17

TRIPLE CHOCOLATE
Mini-Torte

Der Boden saftig, die Füllung samtig-cremig, die letzte Schicht ein dahinschmelzender Traum auf der Zunge: Diese Torte zählt zu meinen absoluten Lieblingen, Schokolade hoch drei eben!

ZUTATEN FÜR 1 SPRINGFORM (20 CM DURCHMESSER, 8 STÜCKE)

FÜR DEN BODEN
60 g Zartbitterschokolade
(90 % Kakaogehalt, oder
Low-Carb-Schokolade)
60 g Butter
2 EL Birkenzucker, 2 Eier

FÜR DIE FÜLLUNG
350 g Sahne
80 g Zartbitterschokolade
3 Blatt Gelatine

FÜR DIE GANACHE
60 g Zartbitterschokolade
60–70 g Sahne

ZUBEREITUNG: 30 MIN.
BACKEN: 10 MIN.
KÜHLEN: 1 STD. UND
ÜBER NACHT

PRO STÜCK: CA. 355 KCAL,
5 G EW, 31 G F, 15 G KH,
2,5 G BIRKENZUCKER

1. Am Vortag für den Boden den Backofen auf 175 °C vorheizen. Die Form mit Backpapier auslegen. Schokolade, Butter und Birkenzucker im heißen Wasserbad unter Rühren schmelzen. Die Schüssel vom Wasserbad nehmen, die Eier einzeln dazugeben und gründlich einrühren. Dabei nicht zu viel Luft unterrühren, der Teig soll schwer und dunkel sein. Die Masse in die Form füllen und den Boden im Ofen auf der mittleren Schiene etwa 10 Minuten backen. Herausnehmen und abkühlen lassen.

2. Für die Füllung die Sahne erhitzen, vom Herd nehmen und die Schokolade darin unter Rühren schmelzen. Die Gelatine in etwas kaltem Wasser einweichen, ausdrücken und nach und nach in der Schokosahne auflösen. Die Masse abkühlen lassen, dann auf dem Boden verteilen und alles zugedeckt im Kühlschrank 1 Stunde fest werden lassen. Sobald die Füllung so fest ist, dass man mit dem Finger leicht dagegendrücken kann (sie wird nicht richtig hart, aber schnittfest), die Ganache zubereiten.

3. Für die Ganache die Schokolade im heißen Wasserbad schmelzen und so viel Sahne unterrühren, dass die Masse zähflüssig ist. Die Torte damit gleichmäßig überziehen, über Nacht kühl stellen und nach Belieben mit Schokospänen garnieren.

GEDULD ZAHLT SICH AUS

Diese Schokotorte macht schwer was her, geht aber kinderleicht: Ist der Schokoladenboden erst gebacken, wird nur noch der Kühlschrank benötigt – und etwas Geduld, denn am besten schmeckt der Kuchen, wenn er über Nacht im Kühlschrank durchziehen konnte.

KLADDKAKA
Schoko-Espresso-Kuchen aus Schweden

**Die Schweden wissen, wie man einen perfekten Schokoladen-
kuchen macht: mit viel starkem Espresso! Diese unschlagbare
Kombination müssen Sie probieren! Sie werden sie lieben …**

**ZUTATEN FÜR 1 SPRINGFORM
(28 CM DURCHMESSER,
12 STÜCKE)**

250 g Butter
250 Zartbitterschokolade
(90 % Kakaogehalt, oder
Low-Carb-Schokolade)
100 ml Espresso
4 Eier
ausgekratztes Mark von
1 Vanilleschote
Salz
100 g Birkenzucker

ZUBEREITUNG: 20 MIN.
BACKEN: 40 MIN.

PRO STÜCK: CA. 280 KCAL,
4 G EW, 25 G F, 11 G KH,
8,3 G BIRKENZUCKER

1. Den Backofen auf 175 °C vorheizen. Die Form mit Backpapier
auslegen. Die Butter mit der Schokolade in einer Edelstahlschüssel im heißen Wasserbad unter Rühren schmelzen. Den Espresso
unterrühren und alles kurz abkühlen lassen.

2. Inzwischen die Eier mit Vanille, 1 Prise Salz und Birkenzucker
in einer Schüssel mit den Quirlen des Handrührgeräts schaumig
aufschlagen – das dauert 4 bis 5 Minuten; es soll eine helle, fluf-
fige Masse entstehen. Dann die flüssige Schoko-Espresso-Butter
esslöffelweise hinzufügen und mit einem Teigspatel so lange
unterheben, bis alles gut gemischt ist.

3. Die Masse gleichmäßig in der Form verstreichen und im Ofen
auf der mittleren Schiene etwa 40 Minuten backen. Dabei nach
20 bis 30 Minuten mit Backpapier abdecken, damit die Oberfläche nicht zu stark bräunt. Aus dem Ofen nehmen und zum
Servieren nach Belieben mit Puderbirkenzucker bestäuben.
Dazu passen Schlagsahne und frische Heidel- oder Himbeeren.

SCHWEDISCH FÜR ANFÄNGER

Kladdkaka bedeutet „klebriger Kuchen" – der Kuchen ist nämlich
wunderbar saftig. Wenn er frisch aus dem Ofen kommt, schmeckt
er intensiv nach Espresso. Am zweiten Tag verliert sich das Kaffee-
aroma ein wenig, der Kladdkaka schmeckt aber umso köstlicher!

Kein Kaffee-Fan? Schmeckt auch ohne traumhaft!

SCHOKOTARTE
mit Himbeeren

Dieser Kuchen ist nicht nur geschmacklich, sondern auch optisch ein Highlight: unten heller Mürbeteig, in der Mitte eine zartschmelzende Schokofüllung und frische Beeren obendrauf.

ZUTATEN FÜR 1 TARTEFORM
(11 × 35 CM, 12 STÜCKE)

FÜR DEN TEIG
125 g kalte Butter (in Würfeln)
100 g helles Mandelmehl
70 g Birkenzucker
1 Ei
ausgekratztes Mark von
1 Vanilleschote

FÜR DIE FÜLLUNG
100 g Zartbitterschokolade
(90 % Kakaogehalt, oder
Low-Carb-Schokolade)
200 g Sahne
125 g Himbeeren

ZUBEREITUNG: 20 MIN.
KÜHLEN: 4 STD.
BACKEN: 20 MIN.

PRO STÜCK: CA. 320 KCAL,
5 G EW, 28 G F, 11 G KH,
5,8 G BIRKENZUCKER

1. Für den Teig alle Zutaten in der Küchenmaschine oder mit den Händen auf der Arbeitsfläche zügig verkneten. Den Teig in Frischhaltefolie wickeln und 30 Minuten kühl stellen. Die Form mit Backpapier auslegen.

2. Anschließend den Teig zwischen zwei Lagen Backpapier mit dem Nudelholz etwas größer als die Tarteform ausrollen, in der Form verteilen und an den Rändern gut hochdrücken. Mit einer Gabel mehrmals einstechen und nochmals 30 Minuten kühl stellen. Den Backofen auf 180 °C vorheizen. Den Boden im Ofen auf der mittleren Schiene 15 bis 20 Minuten backen. Aus dem Ofen nehmen und vollständig abkühlen lassen.

3. Inzwischen für die Füllung die Schokolade grob hacken. Die Sahne in einem Topf erhitzen, vom Herd nehmen und die Schokolade darin unter Rühren schmelzen. Nach Belieben mit 50 g Birkenzucker süßen, dann etwas abkühlen lassen.

4. Währenddessen die Himbeeren verlesen, waschen und trocken tupfen. Die Schokocreme auf dem Boden verteilen und gleichmäßig mit den Himbeeren belegen. Die Tarte vor dem Servieren mindestens 3 Stunden kühl stellen.

FRÜCHTEZAUBER

Je nach Saison können Sie auch andere Früchte wählen – zu Schokolade passen genauso Feigen, Birnen, Erdbeeren oder Mangowürfel. Ein Extra mit Wow-Effekt: die Tarte mit essbaren Blüten verzieren!

STREIFENTORTE
mit dreierlei Früchten

ZUTATEN FÜR 1 SPRINGFORM (20 CM DURCHMESSER, 8 STÜCKE)

FÜR DEN TEIG

100 g helles Mandelmehl
100 g gemahlene blanchierte Mandeln
100 g weiche Butter, 2 Eier
½ Pck. Backpulver
3–4 EL Birkenzucker
ausgekratztes Mark von 1 Vanilleschote
2 EL Kakaopulver
30–50 g Sahne

FÜR DIE FÜLLUNG

200 g Zwetschgen
200 g Weinbergpfirsiche
1 Zimtstange, ½ Vanilleschote
60 g Birkenzucker
6 Blatt Gelatine, 4 EL Sahne
300 griech. Joghurt (10 % Fett)
300 g geschlagene Sahne
100 g Beeren zum Garnieren

ZUBEREITUNG: 50 MIN.
BACKEN: 2 x 20 MIN.
KÜHLEN: 3 STD. ODER ÜBER NACHT

PRO STÜCK: CA. 480 KCAL, 12 G EW, 44 G F, 10 G KH, 11,9 G BIRKENZUCKER

1. Den Backofen auf 175 °C vorheizen. Die Form mit Backpapier auslegen. Für den Teig alle Zutaten – bis auf Kakao und Sahne – gründlich verrühren. Den Teig halbieren und eine Hälfte in der Form glatt streichen. Den Boden im Ofen auf der mittleren Schiene 15 bis 20 Minuten backen (Stäbchenprobe, siehe Tipp Seite 35). Herausnehmen und abkühlen lassen.

2. Danach die andere Teighälfte mit Kakao und Sahne zu einem dunklen Teig verrühren, dabei so viel Sahne dazugeben, dass ein zäher Teig entsteht. Den dunklen Teig wie beschrieben backen.

3. Für die Füllung Zwetschgen und Pfirsiche waschen, halbieren, entsteinen und würfeln. Die Zwetschgen mit der Zimtstange, die Pfirsiche mit der aufgeschlitzten Vanilleschote in zwei Töpfen mit je 30 g Birkenzucker einmal aufkochen, dann bei schwacher Hitze 15 Minuten einkochen lassen. Vom Herd nehmen, die Zimtstange und die Vanilleschote entfernen. Alles abkühlen lassen und mit dem Stabmixer jeweils kurz pürieren.

4. Die Gelatine in kaltem Wasser einweichen. Die Sahne in einem kleinen Topf erhitzen, die Gelatine ausdrücken und darin auflösen. Die Gelatinesahne mit dem Joghurt mischen, dabei zuerst nacheinander zweimal 1 EL Joghurt in die heiße Gelatinesahne rühren, dann die Gelatinemischung mit dem übrigen Joghurt mischen. Die Sahne unterheben und die Creme jeweils zur Hälfte mit dem Zwetschgen- und Pfirsichpüree verrühren.

5. Einen Tortenring (20 cm Durchmesser) auf eine Kuchenplatte stellen und den Schokoboden hineinlegen. Die Zwetschgencreme darauf glatt streichen, den hellen Boden darauflegen und mit der Pfirsichcreme bestreichen. Die Torte mindestens 3 Stunden, am besten über Nacht, im Kühlschrank durchziehen lassen. Die Beeren verlesen, waschen und trocken tupfen, dann oben dekorativ auf den Kuchen setzen. Zum Servieren den Tortenring entfernen.

Ein echtes (Back-)
Kunstwerk für
besondere Anlässe

EASY CHEESECAKE
mit Mandelstreuseln

Wenig Aufwand, aber großer Mmh-Effekt? Dann ist dieser cremige Cheesecake genau richtig! Die Zutaten habe ich meist vorrätig – ideal, wenn Besuch kommt oder ein schnelles Dessert gefragt ist.

ZUTATEN FÜR 1 TARTEFORM (11 × 35 CM, 12 STÜCKE)

FÜR DEN CHEESECAKE
2 Eier, 200 g Frischkäse (Doppelrahmstufe)
100 g Quark (20 % Fett)
20 g Speisestärke
80 g Birkenzucker
ausgekratztes Mark von
1 Vanilleschote (ersatzweise
1 TL abgeriebene unbehandelte Zitronen- oder Limettenschale)

FÜR DIE STREUSEL
100 g gemahlene blanchierte Mandeln
100 g Birkenzucker
50 g Butter

ZUBEREITUNG: 15 MIN.
BACKEN: 20 MIN.

PRO STÜCK: CA. 165 KCAL,
6 G EW, 14 G F, 3 G KH,
15 G BIRKENZUCKER

1. Den Backofen auf 180 °C vorheizen. Die Form mit Backpapier auslegen. Für den Cheesecake die Eier trennen und die Eiweiße steif schlagen. Alle übrigen Zutaten in einer Schüssel mit dem Schneebesen gründlich verrühren. Den Eischnee mit einem Teigspatel unter die Käsemasse heben und in die Form füllen.

2. Für die Streusel Mandeln, Birkenzucker und Butter im Blitzhacker schnell verkneten, dann beiseitestellen.

3. Nach Belieben den Boden mit 3–4 EL Heidel- oder Himbeeren (etwa 50 g, bei tiefgekühlten Beeren nicht zu viele nehmen!) oder Chocolate Chips bestreuen.

4. Die Streusel gleichmäßig auf der Käsemasse oder den Beeren verteilen und den Cheesecake im Ofen auf der mittleren Schiene etwa 20 Minuten backen. Herausnehmen und am besten noch warm mit Schlagsahne servieren.

IMMER IN TOP-FORM
Anstelle eines großen Cheesecakes können Sie auch sechs kleine Kuchen backen – zum Beispiel in ofenfesten Weckgläsern.
Wenn Sie einen runden Cheesecake in einer Springform (28 cm Durchmesser) backen möchten, verdoppeln Sie die Zutatenmengen am besten: Die Käsemasse geht nicht sehr stark auf.

KUHFLECKENKUCHEN
mit Vanille und Schokolade

Cheesecake oder Schokokuchen? Warum nicht beides auf einmal?
In diesem Rezept werden zwei Lieblingsteige als
Dream-Team vereint! Und auch das Ergebnis ist ein Traum ...

ZUTATEN FÜR 1 SPRINGFORM (28 CM DURCHMESSER, 12 STÜCKE)

FÜR DEN TEIG
100 g Zartbitterschokolade
(90 % Kakaogehalt, oder
Low-Carb-Schokolade)
100 g Butter
4 EL Birkenzucker, 4 Eier
2 EL helles Mandelmehl

FÜR DIE KÄSEMASSE
300 g Frischkäse
(Doppelrahmstufe)
200 g griech. Joghurt
(10 % Fett)
100 g Crème fraîche, 2 Eier
3–4 EL Birkenzucker
ausgekratztes Mark von
1 Vanilleschote
1 Pck. Vanillepuddingpulver

ZUBEREITUNG: 30 MIN.
BACKEN: 20 MIN.

PRO STÜCK: CA. 300 KCAL,
8 G EW, 26 G F, 9 G KH,
6,3 G BIRKENZUCKER

1. Den Backofen auf 175 °C vorheizen. Die Form mit Backpapier auslegen. Für den Teig die Schokolade mit Butter und Birkenzucker in einer Edelstahlschüssel im heißen Wasserbad unter Rühren schmelzen. Die Schüssel vom Wasserbad nehmen, die Eier einzeln dazugeben und gründlich unterrühren. Zuletzt das Mandelmehl unterheben.

2. Für die Käsemasse alle Zutaten in einer Schüssel mit den Quirlen des Handrührgeräts gründlich verrühren.

3. Die beiden Massen abwechselnd in die Form füllen: Dazu vom Schokoteig kleine Portionen abnehmen und als Kleckse auf den Boden der Springform setzen. Dann etwas Käsemasse dazwischen verteilen (das geht leicht, weil die Masse recht flüssig ist). Anschließend wieder mit dem Schokoteig „klecksen" und mit der Käsemasse auffüllen. Beide Massen auf diese Weise vollständig in der Form verteilen.

4. Den Kuchen im Ofen auf der mittleren Schiene etwa 20 Minuten backen. Dann den Backofen ausschalten und den Kuchen im Ofen noch 5 Minuten ruhen lassen. Anschließend herausnehmen und abkühlen lassen.

FÜR MEHR BISS

Wer will, kann den Kuchen noch mit gebrannten Mandeln (siehe Seite 88) verfeinern. Die karamellisierten Mandeln als Erstes in die Form geben, dann wie beschrieben den Schokoteig und die Käsemasse darauf verteilen und den Kuchen backen.

Strawberry Swirl
CHEESECAKE

Backen ist Kunst – dieser farbenfrohe Cheesecake ist der beste Beweis dafür. Und dieses Kunstwerk kriegt nicht nur ein Maler, sondern einfach jeder hin!

ZUTATEN FÜR 1 SPRINGFORM (28 CM DURCHMESSER, 12 STÜCKE)

250 g Quark (20 % Fett)
50 g Frischkäse (Doppelrahmstufe)
100 g Sahne
2 Eier
40 g Speisestärke
ausgekratztes Mark von
1 Vanilleschote
50 g Birkenzucker

AUSSERDEM

10 Erdbeeren
1 TL Zitronensaft

ZUBEREITUNG: 15 MIN.
BACKEN: 20 MIN.

PRO STÜCK: CA. 90 KCAL,
4 G EW, 6 G F, 5 G KH,
4,2 G BIRKENZUCKER

1. Den Backofen auf 170 °C (Umluft) vorheizen. Die Form mit Backpapier auslegen. Alle Zutaten in einer Schüssel mit dem Schneebesen gründlich verrühren. Die Konsistenz sollte wie Pudding sein, auf keinen Fall flüssiger! Das gelingt am besten, wenn man nicht mit den Quirlen des Handrührgeräts, sondern von Hand mit einem Schneebesen arbeitet.

2. Die Erdbeeren waschen und putzen, dann in einem hohen Rührbecher mit dem Stabmixer pürieren und den Zitronensaft untermischen. Zwei Drittel des Erdbeerpürees zur Käsemasse geben und vorsichtig unterrühren, am besten mit einer Gabel wellenförmig wie bei einem Marmorkuchen arbeiten. Die Masse in die Form geben. Das restliche Püree künstlerisch darauf verklecksen und auch mit „verwirbeln".

3. Den Kuchen im Ofen auf der mittleren Schiene etwa 20 Minuten backen. Dabei zwischendurch die Konsistenz prüfen: Sobald der Kuchen auf Druck leichten Widerstand leistet, hat er die richtige Konsistenz – er ist noch zart, aber saftig. Nicht zu lange backen, sonst geht der schöne Schmelz verloren. Den Kuchen aus dem Ofen nehmen und noch warm oder abgekühlt servieren. Dazu passt ein frisches Erdbeerpüree oder Schlagsahne.

HAPPY COLOURS

Damit ein schöner Wirbel entsteht, sollten Sie das Fruchtpüree langsam und sanft unter die Käsemasse rühren. Probieren Sie auch einmal andere Farbspiele aus, zum Beispiel lila mit Heidelbeeren oder orange mit Aprikosen.

SCHOKOKUCHEN
mit Birnen und Pecannüssen

Kein Backbuch ohne einen richtig schokoladigen Kastenkuchen!
Dieser funktioniert ganz easy in Low Carb und hat mit
Pecannüssen und karamellisierten Birnen raffinierte Extras.

ZUTATEN FÜR 1 KASTENFORM
(24 CM, 12 STÜCKE)

180 g weiche Butter
75 g Birkenzucker
ausgekratztes Mark von
1 Vanilleschote
6 Eier
150 g helles Mandelmehl
½ Pck. Backpulver
2 EL Sahne oder Milch
60 g Kakaopulver
60 g grob gehackte Pecan-
nusskerne
1 große Birne

AUSSERDEM
Puderbirkenzucker zum
Bestäuben

ZUBEREITUNG: 20 MIN.
BACKEN: 40 MIN.

PRO STÜCK: CA. 295 KCAL,
9 G EW, 27 G F, 5 G KH,
6,3 G BIRKENZUCKER

1. Den Backofen auf 180 °C vorheizen. Die Form mit Backpapier auslegen. In einer Schüssel die weiche Butter mit Birkenzucker und Vanille mit den Quirlen des Handrührgeräts schaumig aufschlagen. Die Eier einzeln dazugeben und gründlich unterrühren. Mandelmehl und Backpulver hinzufügen. Die Sahne oder Milch dazugießen und den Kakao dazugeben. Alles gut verrühren und zuletzt 50 g Pecannüsse unterheben.

2. Die Birne schälen, vierteln und entkernen. Die Birnenviertel jeweils nochmals halbieren, sodass Achtel entstehen. Den Teig in die Kastenform füllen und glatt streichen. Die Birnenstücke nebeneinander auf den Teig setzen, dabei leicht in den Teig drücken.

3. Den Kuchen mit den restlichen Pecannüssen bestreuen und im Ofen auf der mittleren Schiene etwa 40 Minuten backen. Dabei nach 30 Minuten mit 1 TL Puderbirkenzucker bestäuben und den Zucker die restliche Backzeit karamellisieren lassen.

4. Den Kuchen aus dem Ofen nehmen und in der Form abkühlen lassen, dann aus der Form lösen und nach Belieben nochmals mit etwas Puderbirkenzucker bestäuben.

1 REZEPT, VIELE KUCHEN

Anstelle der Birnen können Sie auch andere Obstsorten in dem Schokorührteig backen – und natürlich auch andere Nüsse. Walnüsse passen beispielsweise ausgezeichnet! Und wer kein Fan von Nüssen ist, bäckt den Kuchen einfach ohne.

Schokolade, Nüsse,
Karamell – einfach
ein Wohlfühlkuchen!

ZITRONENKUCHEN
mit Chiasamen

**Dass Zitronenkuchen aromatisch, frisch und saftig ist,
weiß jedes Kind. Aber dass er auch knuspern kann, das ist neu!
Der Trick: Chiasamen sorgen für den überraschenden Crunch.**

**ZUTATEN FÜR 1 KASTENFORM
(24 CM, 12 STÜCKE)**

120 g weiche Butter
100 g Birkenzucker
4 Eier
100 g helles Mandelmehl
½ Pck. Backpulver
2 EL Chiasamen
3 EL Zitronensaft
abgeriebene Schale von
1 unbehandelten Zitrone
(ersatzweise Saft und Schale
von 1 unbehandelten Limette
oder Orange)

ZUBEREITUNG: 10 MIN.
BACKEN: 40 MIN.

PRO STÜCK: CA. 160 KCAL,
5 G EW, 15 G F, 1 G KH,
8,3 G BIRKENZUCKER

1. Den Backofen auf 180 °C vorheizen. Die Form mit Backpapier auslegen. In einer Schüssel die weiche Butter mit dem Birkenzucker mit den Quirlen des Handrührgeräts so lange schaumig aufschlagen, bis sich der Birkenzucker vollständig aufgelöst hat.

2. Die Eier einzeln dazugeben und gründlich unterrühren. Dann Mandelmehl, Backpulver und Chiasamen hinzufügen. Zuletzt Zitronensaft und -schale unterrühren.

3. Den Teig in die Kastenform füllen und glatt streichen. Den Kuchen im Ofen auf der mittleren Schiene etwa 40 Minuten backen (Stäbchenprobe, siehe Tipp). Dabei etwa 10 Minuten vor Ende der Backzeit den Kuchen mit Backpapier abdecken, damit die Oberfläche nicht zu stark bräunt.

4. Den Kuchen aus dem Ofen nehmen und auf einem Kuchengitter vollständig abkühlen lassen. Nach Belieben noch warm mit einem Zitronenguss (siehe Seite 38) überziehen. Wer will, tränkt den Kuchen davor zusätzlich mit Zitronensaft: Dazu den noch warmen Kuchen mit einem Holzstäbchen mehrmals einstechen und mit dem Saft beträufeln.

STÄBCHENPROBE

Um festzustellen, ob ein Kuchen oder Küchlein durchgebacken ist, sticht man am besten mit einem langen Holzspieß hinein. Klebt beim Hinausziehen noch Teig am Spieß, muss das Gebäck noch etwas länger im Ofen bleiben.

BACKMISCHUNG
für einen Schokokuchen

Diese Backmischung ist ein tolles Mitbringsel für alle Low-Carb-Fans! Einfach die Zutaten in ein dekoratives Glas schichten und mit einer Kopie der Anleitung (siehe Tipp) hübsch verpacken.

ZUTATEN FÜR 1 GLAS (CA. 500 ML INHALT) BZW. 1 SPRINGFORM (28 CM DURCHMESSER, 12 STÜCKE)

100 g helles Mandelmehl
½ Pck. Backpulver
100 g Birkenzucker
50 g Kakaopulver
50 g gemahlene blanchierte Mandeln
50 g Zartbitterschokolade (90 % Kakaogehalt, oder Low-Carb-Schokolade)
12 Nusskerne nach Wahl (z. B. Pecan-, Walnusskerne oder Mandeln)

ZUBEREITUNG: 5 MIN.

PRO STÜCK: CA. 230 KCAL, 7 G EW, 21 G F, 4 G KH, 8,3 G BIRKENZUCKER

1. Die Zutaten in der Reihenfolge der Zutatenliste von unten nach oben in das Glas schichten, dabei das Glas immer wieder sanft auf die Arbeitsfläche stoßen, damit sich die Zutaten gut absetzen. Die Nüsse zuletzt darauflegen.

2. Das Glas gut verschließen, sodass es transportfähig ist. Falls oben noch viel Raum frei ist, einen kleinen Kreis aus Backpapier auf die Zutaten legen und den Hohlraum mit zerknülltem Back- oder Küchenpapier ausstopfen.

EIN GRUSS AUS DER KÜCHE

Wie aus der Backmischung ruck, zuck ein wunderbar saftiger Kuchen wird? Ganz einfach: Man muss die Zutaten nur mit Butter, Eiern und Milch verrühren. Am besten Sie kopieren die Anleitung von Seite 132 und befestigen sie mit einem hübschen Geschenkband an dem Glas. Übrigens: Die Nährwerte beziehen sich auf den gebackenen Kuchen, inklusive der zusätzlich benötigten Zutaten.

CARROT CAKE
mit Nussmix

**Das ist der saftigste, wunderbarste Low-Carb-Rüblikuchen!
Ich finde, er ist vom „echten" kaum zu unterscheiden –
egal, ob dieser aus den USA oder aus der Schweiz stammt.**

**ZUTATEN FÜR 1 SPRINGFORM
(28 CM DURCHMESSER,
12 STÜCKE)**

8 Eier
150 g Birkenzucker
400 g gemahlene Nüsse
(z. B. Mandeln, Hasel- und
Walnusskerne zu gleichen
Teilen)
400 g fein geriebene Möhren
abgeriebene Schale und Saft
von 1 großen oder 2 kleinen
unbehandelten Zitrone(n)
80 g Speisestärke
Salz

ZUBEREITUNG: 30 MIN.
BACKEN: 45 MIN.

PRO STÜCK: CA. 280 KCAL,
15 G EW, 20 G F, 11 G KH,
12,5 G BIRKENZUCKER

1. Den Backofen auf 175 °C vorheizen. Die Form mit Backpapier auslegen. Die Eier trennen und zuerst die Eigelbe mit dem Birkenzucker in einer Schüssel mit den Quirlen des Handrührgeräts schaumig aufschlagen.

2. Die Nussmischung hinzufügen und die geriebenen Möhren mit je 2 TL Zitronensaft und -schale dazugeben. Nach Belieben die Masse mit 1 Msp. frisch geriebener Muskatnuss würzen, das sorgt für ein tolles Aroma! Die Speisestärke darübersieben und alles gut verrühren. Die Eiweiße mit 1 Prise Salz steif schlagen und den Eischnee vorsichtig unterheben.

3. Die Masse in die Form füllen und im Ofen auf der mittleren Schiene etwa 45 Minuten backen (Stäbchenprobe, siehe Tipp Seite 35). Dabei den Kuchen gegen Ende der Backzeit mit Backpapier abdecken, damit die Oberfläche nicht zu stark bräunt. Aus dem Ofen nehmen und vollständig abkühlen lassen.

4. Nach Belieben den Carrot Cake mit einem Zitronenguss und Pistazien dekorieren. Dazu 200 g Puderbirkenzucker mit 2 bis 3 EL Zitronensaft so lange verrühren, bis ein dickflüssiger Guss entstanden ist. Den Kuchen damit überziehen, nach Belieben mit gehackten oder ganzen Pistazienkernen bestreuen.

CARROT CAKE DE LUXE

Für einen besonders üppigen Carrot Cake können Sie den Boden nach dem Abkühlen einmal waagerecht halbieren und mit einem Vanille-Lime-Frosting füllen (siehe Seite 17).

APFELTARTE
mit Mandelmürbeteig

Wie Zwetschgen gehören für mich Äpfel einfach zum Herbst dazu.
Dann hat dieser Kuchen natürlich Hochsaison:
herrlich fruchtig und mit einem Low-Carb-Mürbeteig.

**ZUTATEN FÜR 1 TARTEFORM
(28 CM DURCHMESSER,
12 STÜCKE)**

FÜR DEN TEIG
200 g helles Mandelmehl
125 g kalte Butter (in Würfeln)
1 Ei
40 g Birkenzucker
35 g brauner Birkenzucker
(ersatzweise Birkenzucker)

FÜR DIE FÜLLUNG
3–4 säuerliche Äpfel
(z. B. Boskop)
2 EL brauner Birkenzucker

AUSSERDEM
Mandelmehl zum Arbeiten

ZUBEREITUNG: 25 MIN.
KÜHLEN: 30 MIN.
BACKEN: 30 MIN.

PRO STÜCK: CA. 215 KCAL,
5 G EW, 18 G F, 8 G KH,
7,9 G BIRKENZUCKER

1. Den Backofen auf 175 °C vorheizen. Die Form mit Backpapier auslegen. Für den Teig alle Zutaten in der Küchenmaschine oder mit den Händen auf der Arbeitsfläche gründlich verkneten. Den Teig in Frischhaltefolie wickeln und 30 Minuten kühl stellen.

2. Zwei Drittel des Teigs auf etwas Mandelmehl ausrollen, dabei mit einer Palette wenden, und die Tarteform damit auskleiden.

3. Für die Füllung die Äpfel schälen, vierteln und entkernen. Die Apfelviertel in dünne Scheiben schneiden, mit der Hälfte des braunen Birkenzucker und nach Belieben mit 1 EL Haselnuss- oder Mandelblättchen in die Form füllen. Aus dem restlichen Teig Blumen, Herzen oder einfach Kreise ausstechen und am Formrand auf die Äpfel legen.

4. Die Apfeltarte im Ofen auf der mittleren Schiene 25 bis 30 Minuten backen. Dabei nach 10 Minuten mit Backpapier abdecken, damit die Oberfläche nicht zu stark bräunt. Nach weiteren 15 Minuten das Backpapier entfernen und den übrigen braunen Birkenzucker über den Kuchen streuen. Aus dem Ofen nehmen und vor dem Anschneiden kurz abkühlen lassen.

DURCH DICK UND DÜNN

Je nachdem, wie dick der Teig ist und wie viele Äpfel Sie verwenden, variiert die Backzeit. Ich mag es, wenn Teig und Belag eher dünn sind – dann ist der Kuchen nach 25 Minuten fertig. Weil er nicht so süß ist, verträgt er gut ein Extra wie etwas Sahne oder Vanilleeis.

Nicht nur lecker, sondern auch ein echter Hingucker

ZWETSCHGENSTREUSEL
auf Mohnmürbeteig

So schmeckt für mich der perfekte Herbstkuchen! Denn der
Zwetschgenstreusel vereint alles, was den Herbst ausmacht –
reife süße Zwetschgen, nussigen Mohn und aromatischen Zimt.

ZUTATEN FÜR 1 BACKBLECH
(20 STÜCKE)

FÜR DEN TEIG
165 g kalte Butter (in Würfeln)
100 g helles Mandelmehl
80 g Birkenzucker
1 Ei
60 g gemahlener Mohn

FÜR DEN BELAG
1 ½ kg Zwetschgen
140 g Butter
120 g helles Mandelmehl
100 g Birkenzucker
1 TL Zimtpulver

AUSSERDEM
Mandelmehl zum Arbeiten

ZUBEREITUNG: 30 MIN.
KÜHLEN: 30 MIN.
BACKEN: 40 MIN.

PRO STÜCK: CA. 230 KCAL,
4 G EW, 20 G F, 8 G KH,
9 G BIRKENZUCKER

1. Für den Teig alle Zutaten in der Küchenmaschine oder mit den
Händen auf der Arbeitsfläche gut verkneten. Den Teig zu einer
Kugel formen, in Frischhaltefolie wickeln und etwa 30 Minuten
kühl stellen. Den Backofen auf 180 °C vorheizen. Ein Backblech
mit Backpapier belegen.

2. Inzwischen für den Belag die Zwetschgen waschen, zur Hälfte
einschneiden und entsteinen. Die Zwetschgenhälften nach Belieben nochmals zur Hälfte einschneiden, sodass zusammen-
hängende Viertel entstehen, und beiseitestellen. Für die Streusel
Butter, Mandelmehl, Birkenzucker und Zimtpulver im Blitzhacker
schnell verkneten.

3. Den Teig zwischen zwei Lagen Backpapier mit dem Nudelholz
in Blechgröße ausrollen und auf das Blech legen. Mit Zwetschgen dachziegelartig belegen und die Streusel darauf verteilen.

4. Den Kuchen im Ofen auf der mittleren Schiene etwa 40 Minuten backen. Dabei gegen Ende der Backzeit den Kuchen mit
Backpapier abdecken, damit die Streusel nicht zu stark bräunen.
Den Kuchen aus dem Ofen nehmen, etwas abkühlen lassen und
zum Servieren in 20 Rechtecke schneiden.

FIX AUSGESTOCHEN

Aus dem Mohnmürbeteig lassen sich auch prima Plätzchen machen:
Einfach den Teig etwa ½ cm dünn ausrollen, ausstechen und im auf
180 °C vorgeheizten Ofen 6 bis 8 Minuten backen – schon haben
Sie wunderbares Weihnachtsgebäck!

Rhabarber-Zimt-
CRUMBLE

Crumble – also Streuselkuchen ohne Boden – ist wie gemacht für die Low-Carb-Bäckerei. Mein Crumble wird von einer Vanillesauce begleitet, es passt aber auch saure Sahne oder Rahmjoghurt.

ZUTATEN FÜR 1 TARTEFORM (28 CM DURCHMESSER, 12 PORTIONEN)

FÜR DEN CRUMBLE
1 kg Rhabarber
50 g brauner Birkenzucker
(ersatzweise Birkenzucker)
140 g Butter
120 g helles Mandelmehl
100 g Birkenzucker
1 TL Zimtpulver

FÜR DIE VANILLESAUCE
1 Vanilleschote
150 ml Milch
150 g Sahne
50 g Birkenzucker
3 Eigelb

ZUBEREITUNG: 25 MIN.
BACKEN: 35 MIN.

PRO PORTION: CA. 220 KCAL, 4 G EW, 21 G F, 3 G KH, 16,6 G BIRKENZUCKER

1. Den Backofen auf 180 °C vorheizen. Für den Crumble den Rhabarber waschen, putzen und entfädeln. Dann in etwa 1 cm breite Stücke schneiden. Den Rhabarber mit dem braunen Birkenzucker mischen und 10 Minuten Saft ziehen lassen.

2. Inzwischen für die Streusel Butter, Mandelmehl, Birkenzucker und Zimt im Blitzhacker schnell verkneten. Den Rhabarber in die Form füllen und die Streusel darauf verteilen, dabei die Streusel nicht zu klein zerteilen. Den Crumble im Ofen auf der mittleren Schiene etwa 35 Minuten backen, bis die Streusel knusprig sind. Aus dem Ofen nehmen und warm servieren.

3. Während der Crumble im Ofen ist, für die Vanillesauce die Vanilleschote längs aufschneiden und das Mark herauskratzen. Milch, Sahne, Birkenzucker, Vanillemark und -schote in einem kleinen Topf aufkochen, vom Herd nehmen, in eine Edelstahl-schüssel füllen und kurz abkühlen lassen. Die Vanilleschote entfernen und die Milchmischung auf ein warmes (nicht heißes!) Wasserbad stellen. Die Eigelbe verquirlen, zur Vanillemilch geben und alles so lange im Wasserbad mit dem Schneebesen aufschlagen, bis die Masse dickflüssig wird – das dauert etwa 5 Minuten. Die Vanillesauce heiß oder abgekühlt zum Crumble servieren.

CRUMBLE ME UP!

Diese Leckerei hat das ganze Jahr Saison: im Frühjahr mit Rhabarber, später mit Erdbeeren, im Herbst mit Zwetschgen. Auch Birnen oder Äpfel schmecken wunderbar unter der zimtwürzigen Streusel-haube. Und im Winter? Einfach tiefgekühlte Beeren nehmen!

Tolle Erfindung aus Großbritannien: Obst mit Streuseln

KOKOS-RAHM-KUCHEN
mit Aprikosen

Ähnlichkeit mit einem Spiegelei? Reiner Zufall! Dieser supersaftige
Kuchen ist im Nu zubereitet und reicht für die ganze Familie.
Statt Aprikosen können Sie jedes Lieblingsobst verwenden.

ZUTATEN FÜR 1 BACKBLECH (20 STÜCKE)

FÜR DEN TEIG
200 g weiche Butter
50 g Birkenzucker
5 Eier
200 g helles Mandelmehl
100 g Kokosraspel
1 Pck. Backpulver
200 g Sahne
100 ml Milch

FÜR DEN BELAG
10 Aprikosen
1 Handvoll Mandelblättchen

ZUBEREITUNG: 20 MIN.
BACKEN: 30 MIN.

PRO STÜCK: CA. 240 KCAL,
6 G EW, 23 G F, 4 G KH,
2,5 G BIRKENZUCKER

1. Den Backofen auf 160 °C vorheizen. Ein Backblech mit Backpapier belegen. Für den Teig die weiche Butter mit dem Birkenzucker in einer Schüssel mit den Quirlen des Handrührgeräts schaumig aufschlagen. Anschließend die Eier einzeln dazugeben und gründlich unterrühren.

2. Dann Mandelmehl, Kokosraspel und Backpulver hinzufügen. Zuletzt Sahne und Milch dazugießen und alles gut mischen. Den Teig auf dem Blech verteilen und glatt streichen.

3. Für den Belag die Aprikosen waschen, halbieren und entsteinen. Die Aprikosenhälften mit der Wölbung nach oben mit ausreichend Abstand zueinander in vier Reihen à 5 Stück auf den Rührteig setzen und alles mit den Mandelblättchen bestreuen.

4. Den Kuchen im Ofen auf der mittleren Schiene etwa 30 Minuten backen. Aus dem Ofen nehmen und abkühlen lassen. Zum Servieren in quadratische Stücke schneiden, am besten mit jeweils 1 Aprikose in der Mitte.

FÜR KOKOS-FANS
Der Kokos-Rahm-Kuchen schmeckt noch intensiver nach Kokos, wenn Sie statt der Sahne 200 ml Kokosmilch unter den Teig rühren.

GUGELHUPF
mit Kakao und Matcha

Der Camouflage-Look lässt sich nach Belieben abwandeln:
Wie wäre es mit Pink, Bayerisch-Weiß-Blau oder Regenbogen-
farben? Bunte Lebensmittelfarben machen's möglich!

ZUTATEN FÜR 1 GUGELHUPF-FORM (22 CM DURCHMESSER, 20 STÜCKE)

300 g weiche Butter
180 g Birkenzucker
9 Eier
270 g helles Mandelmehl
1 Pck. Backpulver
ausgekratztes Mark von
1 Vanilleschote
3 EL Kakaopulver
4–5 EL Sahne oder Milch
1 ½ EL Matcha-Teepulver

AUSSERDEM
Fett für die Form
Puderbirkenzucker zum
Bestäuben

ZUBEREITUNG: 15 MIN.
BACKEN: 40 MIN.

PRO STÜCK: CA. 245 KCAL,
7 G EW, 24 G F, 2 G KH,
9 G BIRKENZUCKER

1. Den Backofen auf 180 °C vorheizen. Die Form gründlich einfetten. In einer Schüssel die weiche Butter und den Birkenzucker
mit den Quirlen des Handrührgeräts schaumig aufschlagen. Die
Eier einzeln dazugeben und gründlich unterrühren. Dann Mandelmehl und Backpulver hinzufügen.

2. Den Teig in 3 Portionen teilen und jede in eine Schüssel geben.
Eine Portion mit Vanillemark mischen, die zweite mit Kakaopulver
und Sahne oder Milch, die dritte mit dem Matcha-Teepulver.

3. Dann mit drei Esslöffeln die Teige abwechselnd in die Form
klecksen. Dabei wird das Muster – je nachdem, ob man einen
großen oder kleinen Löffel nimmt – feiner oder großflächiger.
Die letzte Schicht vorsichtig glatt streichen.

4. Den Kuchen im Ofen auf der mittleren Schiene etwa 40 Minuten backen. Dabei gegen Ende der Backzeit mit Backpapier abdecken, damit die Oberfläche nicht zu stark bräunt. Den Gugel-
hupf aus dem Ofen nehmen und in der Form abkühlen lassen,
dann stürzen und mit Puderbirkenzucker bestäuben.

NOCH GRÜNER ALS GRÜN

Sollte Ihnen der Grünton des Matcha-Teepulvers nicht intensiv genug
sein, können Sie mit ein bisschen grüner Lebensmittelfarbe nach-
helfen. Ich empfehle immer Farbe in Pastenform – damit lässt sich
Rührteig am besten einfärben.

JOGHURT-SAHNE-TORTE
mit Brombeeren

Diese Torte war einer meiner ersten Versuche in der Low-Carb-Bäckerei. Meine Blog-Leser waren sofort begeistert, und bis heute ist dies eines der am häufigsten nachgebackenen Rezepte.

ZUTATEN FÜR 1 SPRINGFORM (28 CM DURCHMESSER, 12 STÜCKE)

FÜR DEN BODEN
120 g weiche Butter
50 g Birkenzucker
4 Eier
4 EL helles Mandelmehl
ausgekratztes Mark von
1 Vanilleschote

FÜR DIE CREME
250 g Brombeeren
100 g Sahne
400 g griech. Joghurt
(10 % Fett)
4 Blatt Gelatine

ZUBEREITUNG: 30 MIN.
BACKEN: 15 MIN.
KÜHLEN: 2 STD.

PRO STÜCK: CA. 200 KCAL,
5 G EW, 19 G F, 3 G KH,
4,2 G BIRKENZUCKER

1. Den Backofen auf 175 °C vorheizen. Die Form mit Backpapier auslegen. Für den Boden die weiche Butter mit dem Birkenzucker schaumig aufschlagen. Die Eier einzeln dazugeben und gründlich unterrühren. Dann das Mandelmehl mit der Vanille untermischen. Den Teig in die Form füllen und im Ofen auf der mittleren Schiene etwa 15 Minuten backen. Herausnehmen und abkühlen lassen.

2. Für die Creme die Beeren verlesen, waschen und trocken tupfen, 1 Handvoll zum Garnieren beiseitestellen. Von der Sahne 2 EL abnehmen, in einem kleinen Topf aufkochen und vom Herd nehmen. Die restliche Sahne steif schlagen. Den Joghurt mit den Quirlen des Handrührgeräts aufschlagen.

3. Die Gelatine in etwas kaltem Wasser einweichen. Dann ausdrücken und in der heißen Sahne auflösen. Die aufgelöste Gelatine mit dem Joghurt mischen, dabei zuerst zweimal 1 EL Joghurt in die heiße Gelatinesahne geben und verrühren, dann die Gelatinemischung mit dem restlichen Joghurt mischen. Die Masse mit den Beeren mischen und die Sahne unterheben. Die Creme auf dem abgekühlten Mandelboden verteilen und die Torte etwa 2 Stunden kühl stellen. Zum Servieren mit den beiseitegestellten Beeren garnieren.

MARMORMUSTER

Sie können die Beeren auch mit dem Stabmixer pürieren und unter die Joghurtcreme mischen. Das Beerenpüree vorher am besten durch ein Sieb streichen, um die kleinen Kerne zu entfernen.

PIÑA-COLADA-TORTE
mit karamellisierter Ananas

ZUTATEN FÜR 1 SPRINGFORM
(28 CM DURCHMESSER,
12 STÜCKE)

FÜR DEN BODEN
200 g weiche Butter
50 g Birkenzucker, 5 Eier
100 g helles Mandelmehl
50 g Kokosmehl
100 g Kokosraspel
1 Pck. Backpulver
200 ml Kokosmilch oder Sahne
50–100 ml Milch

FÜR DIE CREME
150 g Mascarpone
50 ml sehr cremige
Kokosmilch
50 g Birkenzucker
2 EL Kokosraspel
100 g Sahne

AUSSERDEM
1 Baby-Ananas
3 EL Birkenzucker

ZUBEREITUNG: 30 MIN.
BACKEN: 45 MIN.
KÜHLEN: 30 MIN.

PRO STÜCK: CA. 410 KCAL,
8 G EW, 39 G F, 7 G KH,
10,8 G BIRKENZUCKER

1. Den Backofen auf 160 °C vorheizen. Die Form mit Backpapier auslegen. Für den Boden die weiche Butter mit dem Birkenzucker schaumig aufschlagen. Die Eier einzeln dazugeben und gründlich unterrühren. Beide Mehlsorten, Kokosraspel und Backpulver untermischen. Kokosmilch oder Sahne und so viel Milch unterrühren, dass ein zäher Teig entsteht.

2. Den Teig die Form füllen und im Ofen auf der mittleren Schiene etwa 30 Minuten backen. Herausnehmen und abkühlen lassen, die Backofentemperatur auf 200 °C erhöhen.

3. Während der Kuchen im Ofen ist, ein Backblech mit Backpapier belegen. Die Ananas schälen, in ½ cm dicke Scheiben schneiden und nebeneinander auf das Blech legen. Mit Birkenzucker bestreuen und im Ofen auf der mittleren Schiene 10 bis 15 Minuten leicht karamellisieren. Herausnehmen und abkühlen lassen.

4. Inzwischen für die Creme den Mascarpone mit Kokosmilch und Birkenzucker mit dem Schneebesen aufschlagen. Die Kokosraspel vorsichtig unterrühren. Die Sahne steif schlagen und langsam unterheben. Die Creme etwa 30 Minuten kühl stellen.

5. Dann den Kuchen mit der Creme bestreichen, dabei am besten kleine Wellen formen, und mit den Ananasscheiben belegen.

IM DUTZEND NOCH NETTER

Für eine Sommerparty können Sie anstelle des großen Kuchens auch kleine Cupcakes backen! Die Rührteigmenge ergibt – je nach Förmchengröße – etwa 12 Stück. Die Cupcakes nur 20 Minuten backen und wie beschrieben mit Creme und Ananasscheiben garnieren.

Hier ist er: der Cocktail auf dem Kuchenteller ♥

BISKUITROULADE
mit Erdbeersahne

**Für mich eine Kindheitserinnerung: Biskuitrolle, gefüllt mit
Sahne und Obst! Meine Oma konnte sie perfekt – ich zeige Ihnen,
wie sie auch ohne Weißmehl und Zucker funktioniert.**

ZUTATEN FÜR 1 ROULADE (40 CM, 20 STÜCKE)

FÜR DEN BISKUIT

6 Eier
100 g Birkenzucker
ausgekratztes Mark von
1 Vanilleschote
4–5 EL heißes Wasser
100 g helles Mandelmehl
½ Pck. Backpulver

FÜR DIE FÜLLUNG

200 g Erdbeeren
300 g Sahne

AUSSERDEM

Birkenzucker für das
Küchentuch
Puderbirkenzucker zum
Bestäuben

ZUBEREITUNG: 20 MIN.
BACKEN: 12 MIN.

PRO STÜCK: CA. 105 KCAL,
4 G EW, 9 G F, 2 G KH,
5,5 G BIRKENZUCKER

1. Den Backofen auf 175 °C vorheizen. Ein Backblech (35 × 40 cm) mit Backpapier belegen. Für den Biskuit die Eier trennen. Die Eiweiße halbsteif schlagen. Die Eigelbe mit Birkenzucker und Vanille schaumig aufschlagen, das heiße Wasser nach und nach unterrühren. Mandelmehl und Backpulver untermischen. Zuletzt den Eischnee vorsichtig unterheben.

2. Die Masse auf dem Blech glatt streichen und im Ofen auf der mittleren Schiene 10 bis 12 Minuten backen, bis der Teig federnd nachgibt. Den Biskuit aus dem Ofen nehmen und auf ein mit Birkenzucker bestreutes Küchentuch stürzen. Das Backpapier abziehen, dazu bei Bedarf mit etwas Wasser bestreichen. Den Biskuit mithilfe des Küchentuchs aufrollen und abkühlen lassen.

3. Inzwischen für die Füllung die Erdbeeren putzen, waschen und trocken tupfen, nach Belieben vierteln. Die Sahne – nach Belieben mit 1 bis 2 EL Puderbirkenzucker – steif schlagen. Die Biskuitrolle vorsichtig öffnen und gleichmäßig mit der Sahne bestreichen. Die Erdbeeren darauf verteilen und den Biskuit vorsichtig wieder aufrollen. Mit der Naht auf eine längliche Platte setzen und kühl stellen. Zum Servieren mit Puderbirkenzucker bestäuben.

BAKE AND ROLL

Die Biskuitroulade lässt sich nach Belieben füllen: Variieren Sie das Obst, geben Sie Kakaopulver oder geraspelte Low-Carb-Schokolade zur Schlagsahne, ersetzen Sie 100 g Sahne durch 100 g Quark (20 % Fett) – alle Varianten schmecken lecker.

GLÜCKSTORTE
mit Mascarponecreme

ZUTATEN FÜR 1 SPRINGFORM
(20 CM DURCHMESSER,
8 STÜCKE)

FÜR DIE BÖDEN
125 g weiche Butter
50 g Birkenzucker, 4 Eier
100 g Mandelmehl
50 g blanchierte gemahlene
Mandeln
ausgekratztes Mark von
1 Vanilleschote
2 EL Sahne oder Milch
etwas rote Lebensmittelfarbe

AUSSERDEM
250 g Mascarpone
50 g Quark (20 % Fett)
2 EL Puderbirkenzucker
abgeriebene Schale von
1 unbehandelten Zitrone
¼ l ungesüßter Kirschsaft
3 Blatt Gelatine
50 g Zartbitterschokolade
(90 % Kakaogehalt, oder
Low-Carb-Schokolade)

ZUBEREITUNG: 40 MIN.
BACKEN: 2 × 20 MIN.
KÜHLEN: 3 STD.

PRO STÜCK: CA. 450 KCAL,
12 G EW, 41 G F, 10 G KH,
7,5 G BIRKENZUCKER

1. Den Backofen auf 180 °C vorheizen. Die Form mit Backpapier auslegen. Für die Böden die weiche Butter mit dem Birkenzucker schaumig aufschlagen. Die Eier einzeln dazugeben und gründlich unterrühren. Mandelmehl, Mandeln und Vanille hinzufügen, die Sahne oder Milch unterrühren. Zuletzt nach und nach so viel rote Lebensmittelfarbe dazugeben, bis der Teig leuchtend rot ist.

2. Den Teig halbieren und nacheinander in der Form 2 Böden backen. Dazu eine Teighälfte im Ofen auf der mittleren Schiene etwa 20 Minuten backen. Herausnehmen, aus der Form lösen und abkühlen lassen. Anschließend den zweiten Boden ebenso backen. Währenddessen für die Füllung Mascarpone, Quark, Puderbirkenzucker und Zitronenschale schaumig aufschlagen.

3. Einen Boden in die Springform setzen und die Hälfte der Creme darauf verteilen. Den zweiten Boden daraufsetzen, die übrige Creme darübergeben und glatt streichen. Die Torte etwa 1 Stunde kühl stellen.

4. Für den Guss 50 ml Kirschsaft erhitzen. Die Gelatine in kaltem Wasser einweichen, ausdrücken und im heißen Saft auflösen. Dann die Gelatinemischung langsam in den kalten Saft rühren und im Kühlschrank etwa 20 Minuten abkühlen, aber noch nicht gelieren lassen. Anschließend den Guss auf dem Kuchen gleichmäßig verteilen. Die Torte nochmals 1 Stunde kühl stellen.

5. Die Schokolade im heißen Wasserbad schmelzen und abkühlen lassen. Die Torte aus der Form lösen und auf eine Kuchenplatte setzen. Für die Punkte mit einem Glas oder einer Lochtülle (etwa 1 ½ cm Durchmesser) mehrere Kreise aus dem Gelee ausstechen. Dafür jeweils bis zur Creme einstechen und den Geleekreis vorsichtig entfernen, dabei die Tülle jedes Mal abspülen, so bleiben die Ränder sauber. In jedes Loch etwas abgekühlte Schokolade füllen. Die Torte vor dem Servieren 1 Stunde kühl stellen.

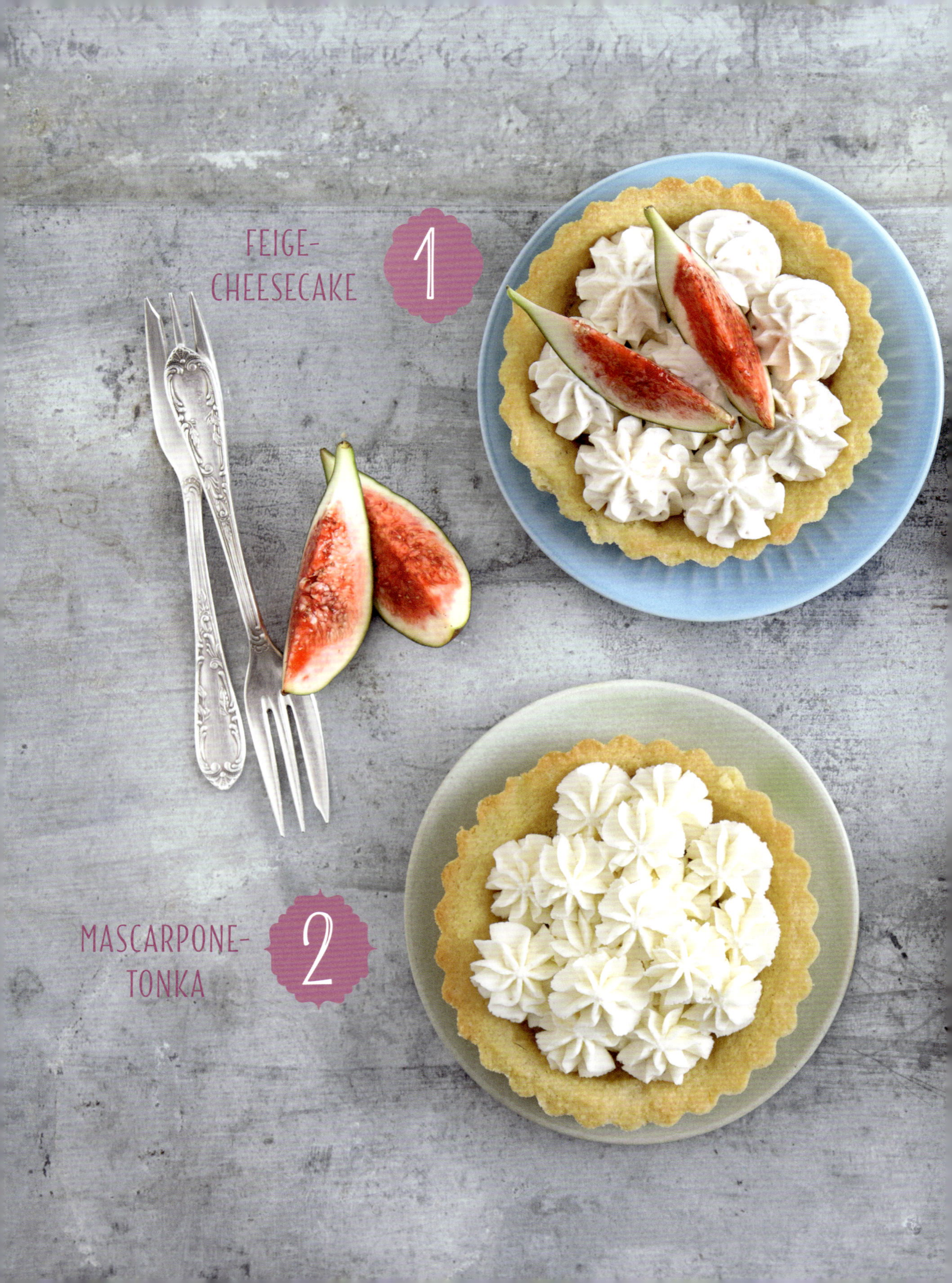
FEIGE-
CHEESECAKE
1
MASCARPONE-
TONKA
2

TARTELETTES
4-mal anders

Meine kleinen Mürbeteigtörtchen haben das
Zeug zum Star – denn sie lassen sich mit allem
füllen, was die Herzen höherschlagen lässt!

3 LIMETTE-JOGHURT
MIT PROSECCO-BEEREN

4 HIMBEER-
SAHNE-QUARK

DIE TÖRTCHEN

Zutaten für 8 Tartelette-förmchen (10 cm Durch-messer)

125 g kalte Butter (in Würfeln)
70 g Birkenzucker
100 g helles Mandelmehl
1 Ei

Ausserdem
Fett für die Förmchen

Zubereitung: 15 Min.
Kühlen: 30 Min.
Backen: 12 Min.

Pro Stück: ca. 200 kcal,
4 g EW, 20 g F, 1 g KH,
8,8 g Birkenzucker

1. Für den Teig alle Zutaten in der Küchenmaschine oder mit den Händen auf der Arbeitsfläche zügig zu einem festen Mürbeteig verkneten. In Frischhaltefolie gewickelt 30 Minuten kühl stellen. Den Backofen auf 180 °C vorheizen. Die Förmchen einfetten.

2. Nach Belieben den Mürbeteig mit etwas Vanillemark, geriebe-ner Tonkabohne, Zimtpulver oder abgeriebener unbehandelter Zitronenschale aromatisieren. Oder versuchen Sie es mal mit Mohn, wie auf Seite 43 beschrieben.

3. Den Teig zu einer Rolle formen und in 8 Stücke schneiden. Jedes Teigstück etwas flach drücken und damit eine Tartelette-form auslegen, dabei einen Rand formen. Die Förmchen neben-einander auf ein Backblech stellen und im Ofen auf der mittleren Schiene etwa 12 Minuten auf Sicht backen. Die Törtchen heraus-nehmen und in den Förmchen vollständig abkühlen lassen, an-schließend aus den Förmchen lösen und nach Belieben füllen.

Das KOMMT DRAUF

1

FEIGE-CHEESECAKE
MINI-KÄSEKUCHEN

200 g Frischkäse (Doppelrahmstufe), 100 g Quark (20 % Fett), 50 g Puderbirkenzucker, 50 g Feigen (in Würfeln), 50 g Sahne, 2 Feigen zum Garnieren

Pro Stück: ca. 325 kcal, 9 g EW, 31 g F, 4 g KH, 15 g BZ

Frischkäse, Quark und Puderbirkenzucker ver-rühren. Feigenwürfel dazugeben und alles mit dem Stabmixer grob pürieren. Sahne schlagen und unterheben. Creme auf die Mürbeteigtört-chen verteilen (nach Belieben mit einem Spritz-beutel mit Sterntülle arbeiten). Feigen waschen, trocken tupfen, vierteln und daraufsetzen.

MASCARPONE-TONKA

CREMIGER TRAUM

250 g Mascarpone, 150 g Quark (20 % Fett),
70 g Puderbirkenzucker, ½ frisch geriebene Tonkabohne,
1–2 EL Sahne oder Milch

Pro Stück: ca. 345 kcal, 8 g EW, 34 g F, 3 g KH, 17,5 g BZ

Alle Zutaten in einer Schüssel mit den Quirlen des Handrührgeräts locker zu einer Creme aufschlagen. Die Creme auf die Mürbeteigtörtchen verteilen (dazu nach Belieben mit einem Spritzbeutel mit geschlossener Sterntülle kleine Blüten aufspritzen). Wer will, nimmt Vanillemark statt Tonka.

LIMETTE-JOGHURT MIT PROSECCO-BEEREN

EIN HAUCH VON LUXUS

80 g Sahne, 250 g Naturjoghurt,
50 g Puderbirkenzucker, 1 EL Limettensaft,
abgeriebene Schale von 1 unbehandelten Limette,
5 Blatt Gelatine, ¼ l Prosecco,
100 g gemischte Beeren (frisch oder TK)

Pro Stück: ca. 285 kcal, 6 g EW, 25 g F, 5 g KH, 15 g BZ

50 g Sahne steif schlagen, mit Joghurt, Puderbirkenzucker, Limettensaft und -schale verrühren. 2 Blatt Gelatine in kaltem Wasser einweichen. Die übrige Sahne erhitzen, die Gelatine ausdrücken und darin vorsichtig auflösen. Die Gelatinemischung zum Joghurt geben. Die Törtchen zu zwei Dritteln mit der Creme füllen, 1 Stunde kühl stellen. Restliche Gelatine ebenfalls einweichen.

50 ml Prosecco erhitzen, Gelatine ausdrücken und darin auflösen. Gelatinemischung langsam zum Prosecco geben, danach im Kühlschrank abkühlen lassen. Die Beeren verlesen, waschen und trocken tupfen, auf die Törtchen verteilen. Die Gelatine vorsichtig daraufträufeln. Die Törtchen 30 Minuten kühl stellen.

HIMBEER-SAHNE-QUARK

FRISCH & FRUCHTIG

50 g Himbeeren und einige schöne Himbeeren
zum Garnieren, 150 g Sahne,
150 g Quark (20 % Fett), 50 g Puderbirkenzucker

Pro Stück: ca. 280 kcal, 7 g EW, 27 g F, 3 g KH, 15 g BZ

Die Himbeeren – auch die zum Garnieren – verlesen, waschen und trocken tupfen. Die Sahne steif schlagen. Quark, Puderbirkenzucker und Himbeeren in einem hohen Rührbecher mit dem Stabmixer pürieren. Die geschlagene Sahne unterheben. Die Creme auf die Mürbeteigtörtchen verteilen (mit einem Spritzbeutel mit großer Lochtülle). Dann mit Himbeeren garnieren.

PUDERZUCKER

Falls Sie gerade keinen Puderbirkenzucker im Haus haben, können Sie einfach die gleiche Menge Birkenzucker im Blitzhacker sehr fein mahlen.

Black Forest
CUPCAKES

**Mein absoluter Lieblings-Basisteig ist mein Schokoteig:
Er eignet sich für fast alle Arten von Kuchen, Küchlein oder
Kuchenboden und inspiriert mich zu immer neuen Rezepten.**

ZUTATEN FÜR 8 CUPCAKES

FÜR DEN TEIG
100 g Butter
100 g Zartbitterschokolade
(90 % Kakaogehalt, oder
Low-Carb-Schokolade)
3 Eier, 2 EL Birkenzucker
2 geh. EL helles Mandelmehl

FÜR DAS TOPPING
24 Kirschen, 120 g Sahne
120 g Frischkäse
(Doppelrahmstufe)
50 g Puderbirkenzucker
ausgekratztes Mark von
1 Vanilleschote
50 g Zartbitterschokolade

AUSSERDEM
8 beschichtete Muffinpapier-
backförmchen

ZUBEREITUNG: 30 MIN.
BACKEN: 18 MIN.

PRO STÜCK: CA. 355 KCAL,
8 G EW, 32 G F, 11 G KH,
8,8 G BIRKENZUCKER

1. Den Backofen auf 180 °C vorheizen. Die Papierbackförmchen auf einem Backblech verteilen. (Sie können die Küchlein natürlich auch in einem Muffinblech backen.)

2. Für den Teig Butter und Schokolade in einer Edelstahlschüssel im heißen Wasserbad unter Rühren schmelzen. Die Schüssel vom Wasserbad nehmen, die Eier einzeln dazugeben und gründlich unterrühren. Den Birkenzucker hinzufügen und ebenfalls gut untermischen. Das Mandelmehl dazugeben und unterrühren – der Teig soll auf keinen Fall fest, sondern eher dickflüssig sein.

3. Den Teig auf die Förmchen verteilen und im Ofen auf der mittleren Schiene etwa 18 Minuten backen (Stäbchenprobe, siehe Tipp Seite 35). Aus dem Ofen nehmen und kurz abkühlen lassen, dann aus den Förmchen lösen und vollständig abkühlen lassen.

4. Inzwischen für das Topping die Kirschen waschen und entsteinen, 8 Kirschen zum Garnieren beiseitestellen, die restlichen Kirschen jeweils halbieren. Die Sahne steif schlagen. Den Frischkäse mit Puderbirkenzucker und Vanille gründlich verrühren und die Sahne unterheben. Die Creme in einen Spritzbeutel mit Lochtülle füllen und kurz kühl stellen.

5. Jeden Muffin waagerecht halbieren und jeweils etwas Creme auf die untere Hälfte spritzen. Pro Muffin 4 halbierte Kirschen daraufsetzen und rundherum kleine Creme-Tuffs aufspritzen. Dann die Oberseiten auflegen und erneut Creme-Tuffs drumherum spritzen. Die Schokolade mit dem Sparschäler in Späne hobeln. Jeweils mit 1 Kirsche und Schokospänen garnieren.

VANILLEMUFFINS
mit gemahlenen Mandeln

Dieses Muffinrezept bietet eine leckere Basis für kinderleichte
Cupcakes – einfach mit einem tollen Topping aufpeppen,
schon punkten Sie mit netten Törtchen auf der Kaffeetafel.

ZUTATEN FÜR 8 MUFFINS

120 g weiche Butter
50 g Birkenzucker
ausgekratztes Mark von
1 Vanilleschote
4 Eier
100 g helles Mandelmehl
2 EL gemahlene blanchierte
Mandeln
2 EL Sahne oder Milch

AUSSERDEM
8 beschichtete Muffinpapier-
backförmchen

ZUBEREITUNG: 10 MIN.
BACKEN: 15 MIN.

PRO STÜCK: CA. 250 KCAL,
8 G EW, 24 G F, 2 G KH,
6,3 G BIRKENZUCKER

1. Den Backofen auf 180 °C vorheizen. Die Papierbackförmchen auf einem Backblech verteilen. (Sie können die Küchlein natürlich auch in einem Muffinblech backen.)

2. In einer Schüssel die weiche Butter mit Birkenzucker und Vanille mit den Quirlen des Handrührgeräts schaumig aufschlagen. Die Eier einzeln dazugeben und gründlich unterrühren. Dann Mandelmehl und Mandeln hinzufügen. Zuletzt die Sahne oder Milch unterrühren.

3. Für Tuttifrutti-Muffins nach Belieben noch 1 EL frische oder aufgetaute (und trocken getupfte) Beeren locker unter den Teig mischen – dazu eignen sich beispielsweise Heidel-, (Schwarze) Johannis- oder Himbeeren.

4. Den Teig auf die Förmchen verteilen und im Ofen auf der mittleren Schiene etwa 15 Minuten backen. Aus dem Ofen nehmen und kurz abkühlen lassen. Dann aus den Förmchen lösen und auf einem Kuchengitter vollständig abkühlen lassen. Nach Belieben mit einem Topping verzieren (siehe Seite 16/17).

LUST AUF NUSS?

Statt der gemahlenen Mandeln können Sie auch Haselnüsse oder Walnüsse verwenden, die gibt es schon fertig gemahlen. Wer Nüsse selbst mahlen kann, hat eine noch größere Auswahl – wie wäre es zum Beispiel mit Pecannüssen? Egal, ob mit Mandel- oder Kokosmehl gebacken, mit Walnüssen, Mandeln, gehackter Schokolade oder Haselnüssen – diese Basis-Muffins gelingen einfach immer.

Salted Caramel
CUPCAKES

Zutaten für 6 normale oder 8 Mini-Cupcakes

Für den Teig
75 g Butter
50 g Low-Carb-Karamell-Schokolade
25 g Zartbitterschokolade (90 % Kakaogehalt, oder Low-Carb-Schokolade)
50 g brauner Birkenzucker (ersatzweise Birkenzucker)
Salz
1 EL neutrales Eiweißpulver (zum Backen, 10 g)
1 TL Backpulver, 2 Eier

Für das Frosting
50 g Low-Carb-Karamell-Schokolade
30 g Sahne
100 g Mascarpone

Ausserdem
6 normale oder 8 kleine beschichtete Muffinpapier-backförmchen

ZUBEREITUNG: 30 MIN.
BACKEN: 15 MIN.

PRO STÜCK (BEI 8 CUPCAKES): CA. 240 KCAL, 5 G EW, 21 G F, 7 G KH, 6,3 G BIRKENZUCKER

1. Den Backofen auf 175 °C vorheizen. Die Papierbackförmchen auf einem Backblech verteilen. (Sie können die Küchlein natürlich auch in einem Muffinblech backen.)

2. Für den Teig die Butter und die beiden Schokoladensorten in einer Edelstahlschüssel im heißen Wasserbad unter Rühren schmelzen. Den braunen Birkenzucker und 1 Prise Salz dazugeben und so lange unterrühren, bis sich der Birkenzucker vollständig aufgelöst hat. Eiweiß- und Backpulver hinzufügen. Die Eier einzeln dazugeben und gründlich unterrühren.

3. Den Teig auf die Förmchen verteilen und im Ofen auf der mittleren Schiene etwa 15 Minuten backen. Herausnehmen und kurz abkühlen lassen, dann aus der Form lösen und auf einem Kuchengitter vollständig abkühlen lassen.

4. Für das Frosting die Karamell-Schokolade in einer Edelstahlschüssel im heißen Wasserbad unter Rühren schmelzen, abkühlen lassen. Sahne und Mascarpone aufmixen. Die Schokolade unterrühren, dabei nach Belieben 2 TL Schokolade zum Garnieren beiseitestellen und flüssig halten. Die Creme nach Belieben mit Puderbirkenzucker süßen, in einen Spritzbeutel mit großer Sterntülle füllen und nochmals kurz kühl stellen.

5. Anschließend die Creme auf die Cupcakes spritzen und nach Belieben mit einem Klecks beiseitegestellter flüssiger Schokolade garnieren. Vor dem Servieren Frosting und Glasur der Cupcakes fest werden lassen.

BROWNIES
soft 'n' smooth

Für mich sind Brownies DER Inbegriff von Wohlfühlkuchen:
so soft und saftig und schokoladig! Die supersündigen Dinger
sind einfach eine Klasse für sich – zum Fingerabschlecken.

**ZUTATEN FÜR 1 BACKBLECH
(36 STÜCKE)**

150 g Butter
150 g Zartbitterschokolade
(90 % Kakaogehalt, oder
Low-Carb-Schokolade)
ausgekratztes Mark von
1 Vanilleschote
4 Eier
1 Eigelb
5–6 EL Birkenzucker

ZUBEREITUNG: 15 MIN.
BACKEN: 15 MIN.

PRO STÜCK: ca. 65 kcal,
1 G EW, 6 G F, 3 G KH,
1,5 G BIRKENZUCKER

1. Den Backofen auf 175 °C vorheizen. Eine rechteckige Backform
(24 x 24 cm) mit Backpapier auslegen. Butter und Schokolade in
einer Edelstahlschüssel im heißen Wasserbad unter Rühren langsam schmelzen. Die Mischung etwas abkühlen lassen, dann die
Vanille hinzufügen.

2. Die Eier und das Eigelb mit dem Birkenzucker in einer Schüssel mit den Quirlen des Handrührgeräts schaumig aufschlagen.
Dann die Butter-Schoko-Masse esslöffelweise dazugeben und
unterrühren.

3. Die Masse gleichmäßig in der Form verteilen und im Ofen auf
der mittleren Schiene etwa 15 Minuten backen, sie soll noch sehr
saftig und innen klebrig sein! Aus dem Ofen nehmen und in der
Form abkühlen lassen. Zum Servieren in 36 Würfel schneiden.

ALTE LIEBE, NEUES GLÜCK

Anstelle von Vanille passen auch geriebene Tonkabohnen und Zimtpulver wunderbar in den Brownieteig. Mit der abgeriebenen Schale
und dem Saft von 1 unbehandelten Orange wird's fruchtig – einfach
beides unter den Teig rühren (nur so viel Orangensaft, dass der Teig
nicht zu flüssig wird!). Oder Sie bestäuben die fertigen Brownies mit
Kakaopulver! Lassen Sie Ihrer Kreativität freien Lauf und erfinden
Sie Ihre Lieblingsvariante. Sie können den Brownieteig übrigens auch
als Kuchenboden backen. Dann sollte er aber eine festere Konsistenz
haben: Fügen Sie einfach noch 2 EL helles Mandelmehl hinzu.

LAVA CAKES
mit flüssigem Kern

Hier sind die berühmten Lava-Küchlein, die jeder kennt und liebt.
Dass sie ganz ohne Mehl auskommen und absolut Low-Carb-
tauglich sind, weiß vermutlich nicht jeder. Aber jetzt!

**ZUTATEN FÜR 8 KLEINE
OFENFESTE FÖRMCHEN
(8–10 CM DURCHMESSER)**

100 g Zartbitterschokolade
(90 % Kakaogehalt, oder
Low-Carb-Schokolade)
100 g Butter
40 g Birkenzucker
3 Eier

AUSSERDEM
Butter und 1 TL Kakaopulver
für die Förmchen

ZUBEREITUNG: 15 MIN.
KÜHLEN: 30 MIN.
BACKEN: 12 MIN.

PRO STÜCK: CA. 195 KCAL,
4 G EW, 18 G F, 4 G KH,
5 G BIRKENZUCKER

1. Schokolade, Butter und Birkenzucker in einer Edelstahlschüssel im heißen Wasserbad unter Rühren schmelzen. Etwas abkühlen lassen, dann die Eier einzeln dazugeben und gründlich unterrühren. Die Schokoladenmasse zugedeckt 30 Minuten in den
Kühlschrank stellen.

2. Inzwischen den Backofen auf 180 °C vorheizen. Die Förmchen
(aus Glas oder Keramik) mit Butter einfetten und mit Kakaopulver
ausstäuben.

3. Anschließend die Schokoladenmasse auf die Förmchen verteilen und die Törtchen im Ofen auf der mittleren Schiene 10 bis
12 Minuten backen. Herausnehmen und kurz abkühlen lassen.
Dann auf Dessertteller stürzen und sofort servieren.

UN AMORE ITALIANO

Dazu passt eine Cappuccino-Creme: Dafür am Vortag 100 g Sahne
mit 1 EL Kaffeebohnen aromatisieren (wie auf Seite 14 für die
Kaffee-Sahne beschrieben). Die Sahne am nächsten Tag durch ein
Sieb gießen, aufschlagen und vorsichtig unter 50 g Mascarpone oder
Sahnequark heben. Zu den heißen Lava Cakes servieren!

HELLE PLÄTZCHEN (BASISTEIG)

1

SCHOKO-PLÄTZCHEN

2

PLÄTZCHEN
immer wieder anders

Vorhang auf für unsere Plätzchenparade – duftend nach
Vanille, Tonka und Schokolade! Das Beste: Man braucht nur
einen Mandel-Basisteig, der sich im Nu abwandeln lässt!

3 TONKA-VANILLE-
PLÄTZCHEN

4 NUSS-
PLÄTZCHEN

1
DER BASISTEIG

ZUTATEN FÜR 100 STÜCK
200 g weiche Butter
200 g Birkenzucker
350 g gemahlene
blanchierte Mandeln
80 g helles Mandelmehl
2 Eier

AUSSERDEM
Mandelmehl zum Arbeiten

ZUBEREITUNG: 30 Min.
KÜHLEN: 30 Min.
BACKEN: 2 × 10 Min.

PRO STÜCK: CA. 40 KCAL,
1 G EW, 4 G F, 0 G KH,
2 G BIRKENZUCKER

1. Die weiche Butter mit dem Birkenzucker in einer Schüssel mit den Quirlen des Handrührgeräts oder mit dem Schneebesen der Küchenmaschine so lange schaumig aufschlagen, bis sich der Birkenzucker aufgelöst hat. Dann Mandeln, Mandelmehl und Eier hinzufügen und alles mit den Knethaken zu einem glatten Teig kneten (er ist nicht so fest wie ein herkömmlicher Mürbeteig). Den Teig in Frischhaltefolie gewickelt 30 Minuten kühl stellen.

2. Den Backofen auf 160 °C vorheizen. Zwei Backbleche mit Backpapier belegen. Den Teig auf etwas Mandelmehl mit dem Nudelholz ausrollen, bei Bedarf nochmals kühl stellen. Dann in beliebigen Formen ausstechen und die Plätzchen mit ausreichend Abstand zueinander auf die Bleche legen. Anschließend nacheinander im Ofen auf der mittleren Schiene etwa 10 Minuten auf Sicht backen. Herausnehmen, mit dem Backpapier vom Blech auf ein Kuchengitter ziehen und abkühlen lassen.

ECHTE HINGUCKER

Die Plätzchen lassen sich ganz nach Wunsch mit einem Zuckerguss (siehe Seite 38) oder mit Schokolade verzieren. Dafür benötigen Sie ca. 50 g Schokolade: am besten dunkle Zartbitterschokolade (90 % Kakaogehalt oder Low-Carb-Schokolade) für die hellen und weiße Low-Carb-Schokolade für die dunklen Plätzchen. **Und so geht's:** Die Schokolade in einer Edelstahlschüssel im heißen Wasserbad schmelzen und wieder etwas abkühlen lassen: Der Trick besteht darin, dass man die Schokolade nicht zu heiß und zu flüssig verarbeiten sollte! Zum Auftragen am besten aus Backpapier einen kleinen „Spritzbeutel" basteln. Die Plätzchen auf einem Kuchengitter fest werden lassen. Auf die Nussplätzchen nach Geschmack noch je 1 Walnusskernhälfte setzen.

Das KOMMT DAZU

2 3 HALB & HALB

FIX WAS NEUES

Für **Schokoplätzchen** die Hälfte des Basisteigs mit 4 EL Kakaopulver verkneten. Den Teig in Frischhaltefolie wickeln und etwa 30 Minuten kühl stellen. Dann wie im Basisrezept beschrieben weiterverarbeiten und backen.

Für **Tonka-Vanille-Plätzchen** die andere Hälfte des Basisteigs mit ½–1 geriebener Tonkabohne und dem ausgekratzten Mark von 1 Vanilleschote verkneten. Ebenfalls in Frischhaltefolie wickeln, etwa 30 Minuten kühl stellen und wie beschrieben backen.

4 NUSSPLÄTZCHEN

KERNIGE IDEE

Einfach im Basisteig 100 g gemahlene blanchierte Mandeln durch 100 g gemahlene Wal- oder Haselnusskerne ersetzen. Ansonsten wie den Basisteig zubereiten und in Frischhaltefolie gewickelt etwa 30 Minuten kühl stellen. Dann ausstechen und backen.

BESTENS IN FORM

Natürlich können Sie den Teig einfach ausstechen, aber es geht auch anders: zum Beispiel mit einer Gebäckpresse! Wichtig dabei: Die Presse muss auf dem Backpapier aufliegen, dann den Hebel betätigen und zuletzt wegziehen. Ganz easy ist es, aus dem Teig kleine Kugeln zu rollen – für herrliche Busserl!

Peanut Butter
COOKIES

Sie lieben Cookies? Ich auch, vor allem wenn sie mit crunchy Erdnussbutter gebacken sind. Dieses Rezept ist absolut genial,
weil man nur vier Zutaten und Nüsse nach Wahl braucht.

ZUTATEN FÜR 16 COOKIES

100 g ungesüßte Erdnuss-
butter (crunchy, unter 10 g KH
pro 100 g, aus dem Bioladen
oder Reformhaus)
2 EL Birkenzucker
1 Ei
1 Eigelb
1 gestr. EL helles Mandelmehl

ZUBEREITUNG: 5 MIN.
KÜHLEN: 30 MIN.
BACKEN: 10 MIN.

PRO STÜCK: CA. 90 KCAL,
4 G EW, 5 G F, 2 G KH,
1,3 G BIRKENZUCKER

1. Die Erdnussbutter mit dem Birkenzucker in einer Schüssel mit
den Quirlen des Handrührgeräts schaumig aufschlagen. Das Ei
und das Eigelb dazugeben und unterrühren. Zuletzt das Mandelmehl untermischen.

2. Nach Belieben noch 1 EL gehackte Nüsse Ihrer Wahl hinzufügen – für das nussige Extra! Dann die Masse zugedeckt etwa
30 Minuten kühl stellen.

3. Inzwischen den Backofen auf 180 °C vorheizen. Ein Backblech
mit Backpapier belegen. Aus der Masse mit einem Eiskugel-Por-
tionierer 16 Kugeln mit ausreichend Abstand zueinander auf das
Blech setzen und jede Kugel etwas flach drücken. Die Cookies
nach Belieben mit ein paar gehackten Erdnüssen bestreuen.

4. Dann die Cookies im Ofen auf der mittleren Schiene etwa
10 Minuten goldbraun backen. Anschließend aus dem Ofen
nehmen und abkühlen lassen.

PRIMA ALTERNATIVE

Sie reagieren möglicherweise allergisch auf Erdnüsse? Kein Problem,
dann können Sie einfach auf Mandelmus ausweichen!

Erdbeer-
MINI-GUGEL

Die kleinen Gugel sind ein tolles Mitbringsel und ein Blickfang auf jeder Kuchentafel. Fast schon schade, dass die beerigen Kuchen-pralinen meist viel zu schnell weggenascht sind.

ZUTATEN FÜR 1 24ER-MINI-GUGELFORM AUS SILIKON

100 g Erdbeeren
120 g weiche Butter
80–100 g Birkenzucker
4 Eier
100 g helles Mandelmehl
2 TL Backpulver

AUSSERDEM
Fett für die Form

ZUBEREITUNG: 15 MIN.
BACKEN: 25 MIN.

PRO STÜCK: CA. 80 KCAL,
3 G EW, 8 G F, 1 G KH,
3,6 G BIRKENZUCKER

1. Den Backofen auf 175 °C vorheizen. Die Mulden der Form gründlich einfetten. Die Erdbeeren waschen, putzen und in kleine Würfel schneiden. Die weiche Butter mit dem Birkenzucker in einer Schüssel mit den Quirlen des Handrührgeräts schaumig aufschlagen.

2. Die Eier einzeln dazugeben und gründlich unterrühren. Dann Mandelmehl und Backpulver hinzufügen. Zuletzt die Erdbeer-würfel unterheben und den Teig auf die Förmchen verteilen. Im Ofen auf der mittleren Schiene 20 bis 25 Minuten backen.

3. Herausnehmen und in den Förmchen gut abkühlen lassen. (Beherrscht man sich hier nicht und möchte zu früh naschen, können die Gugel auseinanderbrechen!) Anschließend die Küch-lein vorsichtig aus den Förmchen lösen.

COOLE BEGLEITUNG

Die Erdbeer-Mini-Gugel am besten noch leicht warm servieren – mit gut gekühlter Schlagsahne oder einem Low-Carb-Eis. Auch die warme Vanillesauce von Seite 44 passt hervorragend dazu.

Cookie Dough
CAKE POPS

ZUTATEN FÜR 25 CAKE POPS

FÜR DEN TEIG

100 g helles Mandelmehl
100 g gemahlene blanchierte
Mandeln
100 g weiche Butter
2 Eier
½ Pck. Backpulver
ausgekratztes Mark von
1 Vanilleschote

FÜR DAS FROSTING

50 g Frischkäse
(Doppelrahmstufe)
30–50 g Puderbirkenzucker
25 g weiche Butter
ausgekratztes Mark von
1 Vanilleschote

AUSSERDEM

100 g Zartbitterschokolade
(90 % Kakaogehalt, oder
Low-Carb-Schokolade)
25 Lollipop-Stiele
4 EL gehackte Haselnusskerne

ZUBEREITUNG: 1 STD.
BACKEN: 20 MIN.
KÜHLEN: 1 STD. 15 MIN.

PRO STÜCK: CA. 135 KCAL,
3 G EW, 12 G F, 2 G KH,
1,6 G BIRKENZUCKER

1. Den Backofen auf 175 °C vorheizen. Eine rechteckige Backform (20 × 30 cm) mit Backpapier auslegen. Für den Teig alle Zutaten gründlich verrühren, nach Belieben mit 3 bis 4 EL Birkenzucker süßen. Den Teig in die Form geben und im Ofen auf der mittleren Schiene 15 bis 20 Minuten backen. Bei Bedarf mit Backpapier abdecken, damit die Oberfläche nicht zu stark bräunt. Herausnehmen und abkühlen lassen. Für das Frosting alle Zutaten mit dem Schneebesen gründlich verrühren.

2. Den abgekühlten Teig zuerst grob in Stücke schneiden, dann fein zerkrümeln und mit dem Frosting mischen. Aus der Masse mit angefeuchteten Händen 25 Kugeln mit etwa 3 cm Durchmesser formen und zugedeckt 1 Stunde kühl stellen.

3. Zum Überziehen die Schokolade in einer Edelstahlschüssel im heißen Wasserbad unter Rühren schmelzen. Jeweils 1 Lollipop-Stiel zuerst in die Glasur dippen und dann in eine Teigkugel stecken (die Glasur wird fest und verhindert, dass die Cake Pops beim Glasieren vom Stiel rutschen). Die Cake Pops nochmals 15 Minuten kühl stellen, damit der Teig fester wird und sich leichter verzieren lässt. Die Glasur flüssig halten.

4. Zum Verzieren die Haselnüsse (oder eine andere Deko nach Belieben) in eine tiefe Schale geben. Die Cake Pops nacheinander in die Schokoglasur tauchen und in den Haselnüssen wälzen. Im Kühlschrank aufbewahren, so behalten sie die Form am besten.

KUCHEN MIT STI(E)L

Der Teig lässt sich besser zerkrümeln, wenn er nicht so hoch aufgegangen ist. Deshalb am besten eine flache Form oder ein kleines Backblech verwenden. Wer keine Lollipop-Stiele parat hat, kann die Cake-Kugeln auch einfach als Pralinen servieren. Sie schmecken genauso gut und kommen nicht weniger stilvoll daher.

Mandel-Chia-
GUGELHUPFE

Klein, aber oho – diese Mini-Kuchen haben es in sich! Sie werden nicht nur mit gesunden Chiasamen gebacken, sondern duften dazu auch noch verführerisch nach Tonkabohne.

ZUTATEN FÜR 1 8ER-MINI-GUGELFORM AUS SILIKON

60 g Butter
1 EL Birkenzucker
2 Eier
2 geh. EL helles Mandelmehl
4 TL Chiasamen
½ frisch geriebene Tonka-bohne

AUSSERDEM

Fett für die Form
Puderbirkenzucker zum Bestäuben

ZUBEREITUNG: 20 MIN.
BACKEN: 11 MIN.

PRO STÜCK: CA. 110 KCAL,
3 G EW, 11 G F, 1 G KH,
1,3 G BIRKENZUCKER

1. Den Backofen auf 200 °C vorheizen. Die Mulden der Form gründlich einfetten. Die Butter in einem kleinen Topf schmelzen, vom Herd nehmen und kurz abkühlen lassen. Dann mit dem Birkenzucker in einer Schüssel mit den Quirlen des Handrührgeräts schaumig aufschlagen. Die Eier einzeln dazugeben und gut untermischen. Zuletzt Mandelmehl, Chiasamen und Tonka-bohne unterrühren.

2. Den Teig auf die Förmchen verteilen (das geht am besten mit einem Spritzbeutel) und im Ofen auf der mittleren Schiene etwa 11 Minuten backen. Herausnehmen und in den Förmchen gut abkühlen lassen, sonst können die Gugel auseinanderbrechen! Die Küchlein anschließend vorsichtig aus den Förmchen lösen.

3. Zum Servieren die Mini-Gugelhupfe mit einem Hauch Puderbirkenzucker bestäuben und nach Belieben mit einem Püree aus Erdbeeren und Limettensaft servieren.

PRETTY IN PINK

Wer will, überzieht die Mini-Gugel mit einem rosaroten Zuckerguss (aus Puderbirkenzucker, Zitronensaft und Lebensmittelfarbe, Mengen siehe Seite 38) und bestreut sie mit gehackten gebrannten Mandeln (siehe Seite 88).

Da „hupft" das Herz gleich viel höher …

♥

Fruchtiger ADVENTSKUCHEN

Es müssen nicht immer Lebkuchen und Stollen sein: Mit Mohn, vielen Rumfrüchten und reichlich Orangenschale ist dieser Kuchen ein echter Seelenwärmer in der kalten (Vor-)Weihnachtszeit.

ZUTATEN FÜR 1 SPRINGFORM (28 CM DURCHMESSER, 12 STÜCKE)

100 g getrocknete Datteln, Feigen und Soft-Aprikosen (ohne Stein)
3 EL Rum
4 Eier
100 g weiche Butter
110 g Birkenzucker
60 g gemahlener Mohn
1 TL abgeriebene unbehandelte Orangenschale
100 g gemahlene blanchierte Mandeln

ZUBEREITUNG: 20 MIN.
MARINIEREN: 2 STD. ODER ÜBER NACHT
BACKEN: 30 MIN.

PRO STÜCK: CA. 195 KCAL, 6 G EW, 16 G F, 6 G KH, 9,2 G BIRKENZUCKER

1. Das Trockenobst in feine Würfel schneiden, mit dem Rum in einer Schüssel mischen und mindestens 2 Stunden, am besten über Nacht, ziehen lassen.

2. Den Backofen auf 175 °C vorheizen. Den Boden der Form mit Backpapier auslegen. Die Eier trennen und die Eigelbe mit der weichen Butter und 60 g Birkenzucker in einer Schüssel schaumig aufschlagen. Die Eiweiße mit dem übrigen Birkenzucker zu steifem Eischnee schlagen. Mohn, Orangenschale und Mandeln in einem Schälchen mischen.

3. Abwechselnd Eischnee, Mohn-Mandel-Mischung und Rumfrüchte unter die Buttermasse heben. Die Masse in die Form füllen und im Ofen auf der mittleren Schiene etwa 30 Minuten backen. Dabei nach etwa 20 Minuten mit Backpapier abdecken, damit die Oberfläche nicht zu stark bräunt.

4. Den Kuchen aus dem Ofen nehmen und in der Form abkühlen lassen, dann stürzen und eventuell über Nacht durchziehen lassen. Anschließend den Kuchen nach Belieben mit frischen Feigen und Vanillesahne servieren.

AUSNAHMEN MÜSSEN SEIN

Die Trockenfrüchte sind definitiv nicht Low Carb, aber im Advent muss das schon mal erlaubt sein! Immerhin ist der enthaltene Birkenzucker gesünder als Haushaltszucker. Alternativ können Sie frische Aprikosen- oder Apfelwürfel unter den Teig mischen.

LEBKUCHENMUFFINS
mit Schokoglasur

Was wäre Weihnachten ohne den Duft von Lebkuchen? Diese
Muffins sind eine feine Alternative zu dem traditionellen Gebäck
und haben garantiert genauso viel Geschmack und Aroma.

ZUTATEN FÜR 8 MUFFINS

FÜR DEN TEIG
100 g Zartbitterschokolade
(90 % Kakaogehalt, oder
Low-Carb-Schokolade)
100 g Butter
3 EL Birkenzucker
3 Eier
½ Pck. Lebkuchen-
gewürz (10 g)

ZUM GARNIEREN
100 g Zartbitterschokolade
8 blanchierte Mandeln

AUSSERDEM
8 beschichtete Muffinpapier-
backförmchen

ZUBEREITUNG: 15 MIN.
BACKEN: 20 MIN.

PRO STÜCK: CA. 265 KCAL,
6 G EW, 24 G F, 8 G KH,
3,8 G BIRKENZUCKER

1. Den Backofen auf 175 °C vorheizen. Die Papierbackförmchen
auf einem Backblech verteilen. (Sie können die Küchlein natürlich
auch in einem Muffinblech backen.)

2. Für den Teig Schokolade, Butter und Birkenzucker in einer
Edelstahlschüssel im heißen Wasserbad unter Rühren schmelzen.
Die Schüssel vom Wasserbad nehmen, die Eier einzeln dazugeben und gründlich unterrühren. Dann das Lebkuchengewürz
untermischen.

3. Den Teig auf die Förmchen verteilen und im Ofen auf der
mittleren Schiene 15 bis 20 Minuten backen – nicht zu lange
backen, die Muffins dürfen innen nicht trocken werden! Die
Muffins aus dem Ofen nehmen und kurz abkühlen lassen, dann
aus den Förmchen lösen und auf einem Kuchengitter vollständig
abkühlen lassen.

4. Zum Garnieren die Schokolade in einer Edelstahlschüssel im
heißen Wasserbad unter Rühren schmelzen und die abgekühlten
Muffins damit bestreichen. Mit je 1 Mandel garnieren.

REICHT DEN GANZEN ADVENT

*Die Muffins halten sich problemlos 4 bis 5 Tage in einer gut ver-
schließbaren Plätzchendose und schmecken von Tag zu Tag besser.
Aber vermutlich werden sie eh ganz schnell vernascht ...*

XMAS-KONFEKT
mit gebrannten Mandeln

Lebkuchen gehören seit meiner Kindheit zu Weihnachten. Dieses Konfekt ab jetzt auch! Mit gebrannten Mandeln, Wal- und Haselnüssen sowie den typischen Gewürzen – einfach wunderbar!

ZUTATEN FÜR 1 BACKBLECH (50 STÜCKE)

FÜR DIE GEBRANNTEN MANDELN
200 g Mandeln
60 g brauner Birkenzucker (ersatzweise Birkenzucker)
½ TL Zimtpulver

FÜR DAS KONFEKT
400 g Zartbitterschokolade (90 % Kakaogehalt, oder Low-Carb-Schokolade)
200 g Sahne
1 EL Spekulatius- oder Lebkuchengewürz
je 30 g grob gehackte Wal- und Haselnusskerne

ZUBEREITUNG: 30 MIN.
KÜHLEN: 30 MIN.

PRO STÜCK: CA. 75 KCAL, 2 G EW, 6 G F, 3 G KH, 1,2 G BIRKENZUCKER

1. Für die gebrannten Mandeln ein Backblech mit Backpapier belegen. Die Mandeln in einer beschichteten Pfanne ohne Fett unter Rühren langsam rösten. Braunen Birkenzucker und Zimtpulver dazugeben und unter Rühren vorsichtig schmelzen. Nachdem der Birkenzucker geschmolzen ist, alles auf dem Blech verteilen und 30 Minuten abkühlen lassen. Danach grob hacken.

2. Für das Konfekt die Schokolade in einer Edelstahlschüssel im heißen Wasserbad unter Rühren schmelzen. Danach etwas abkühlen, aber nicht fest werden lassen.

3. Die Sahne unterrühren und die gehackten gebrannten Mandeln mit den restlichen Zutaten dazugeben. Alles sofort in eine rechteckige Form (20 x 30 cm) geben und gut festdrücken. Alternativ die Masse mit dem Nudelholz zwischen zwei Lagen Backpapier etwa 2 cm dick ausrollen. Die Schokoplatte fest werden lassen und in Würfel schneiden. Das Konfekt zuletzt nach Belieben mit Birkenpuderzucker bestäuben.

GEHEN SIE IN DIE VOLLEN!

Unter die Schokomasse können Sie statt der gebrannten Mandeln alles mischen, was Ihnen schmeckt – zum Beispiel Pinienkerne, Macadamia- oder Pecannüsse. Und: Da die Mandeln bereits mit Birkenzucker umhüllt sind, habe ich die Schokomasse nicht mehr extra gesüßt. Wenn Sie keine gebrannten Mandeln unterziehen, sollten Sie am besten noch 1 EL Birkenzucker hinzufügen.

NUSSMAKRONEN
mit Vanille

Dieses Rezept gehört zu den absoluten Weihnachtsklassikern und stammt von meiner Schwiegermutter. Mit ihren über 90 Jahren bäckt sie jeden Advent noch mindestens 20 Plätzchensorten.

ZUTATEN FÜR 20 MAKRONEN

2 Eiweiß
Salz
100 g Puderbirkenzucker
150 g gemahlene
Haselnusskerne
ausgekratztes Mark von
1 Vanilleschote

ZUBEREITUNG: 10 MIN.
BACKEN: 20 MIN.

PRO STÜCK: CA. 50 KCAL,
1 G EW, 5 G F, 1 G KH,
5 G BIRKENZUCKER

1. Den Backofen auf 160 °C vorheizen. Ein Backblech mit Backpapier belegen. Die Eiweiße in einer Schüssel mit 1 Prise Salz halbsteif schlagen. Dann den gesiebten Puderbirkenzucker hinzufügen und alles so lange weiterschlagen, bis eine cremige Masse entstanden ist. Die Haselnüsse und die Vanille mit dem Eischnee vorsichtig mischen, dabei nicht zu stark rühren.

2. Aus der Masse mit einem Löffel oder mithilfe eines Spritzbeutels mit Lochtülle etwa 20 Makronen mit ausreichend Abstand zueinander auf das Blech setzen.

3. Die Nussmakronen im Ofen auf der mittleren Schiene 15 bis 20 Minuten backen. Herausnehmen, mit dem Backpapier vom Blech ziehen und auf einem Kuchengitter vollständig abkühlen lassen. Die abgekühlten Makronen nach Belieben mit geschmolzener Schokolade überziehen.

KOKOSWÖLKCHEN

Auf die gleiche Weise können Sie auch Kokosmakronen backen: Dafür anstelle der Haselnüsse 130 bis 140 g Kokosraspel unter den Eischnee mischen. Die Kokosmakronen wie beschrieben herstellen und im auf 180 °C vorgeheizten Ofen etwa 18 Minuten backen – dann sind sie perfekt und herrlich saftig!

Das Baiser lässt sich mit allen Nuss-
sorten mischen!

LOW-CARB-BARS
mit Nüssen

Müsliriegel & Co. sind beliebte Snacks für zwischendurch, aber oft echte „Zuckerbomben". Diese kleinen Bars sind eine wunderbare Alternative: zuckerfrei, mehlfrei und mit voller Nusspower!

ZUTATEN FÜR 16 BARS

100 g gemischte Nusskerne
(z. B. Mandeln, Wal-, Macadamia- oder Pecannusskerne)
140 g kalte Butter (in Würfeln)
100 g helles Mandelmehl
50 g Birkenzucker
1 Ei
1 Eigelb

ZUBEREITUNG: 15 MIN.
KÜHLEN: 30 MIN.
BACKEN: 20 MIN.

PRO STÜCK: CA. 145 KCAL,
4 G EW, 14 G F, 1 G KH,
3,1 G BIRKENZUCKER

1. Die Nüsse in einer beschichteten Pfanne ohne Fett leicht rösten, herausnehmen und abkühlen lassen. Danach grob hacken.

2. Inzwischen für den Teig die übrigen Zutaten in der Küchenmaschine oder mit den Händen auf der Arbeitsfläche zügig verkneten. Die abgekühlten gehackten Nüsse dazugeben und den Teig nochmals kurz durchkneten. In Frischhaltefolie wickeln und 30 Minuten kühl stellen. Den Backofen auf 180 °C vorheizen. Ein Backblech mit Backpapier belegen.

3. Danach den Teig zwischen zwei Lagen Backpapier mit dem Nudelholz etwa 1 cm dick zu einem Rechteck (20 x 24 cm) ausrollen und die Teigplatte auf das Blech legen. Im Ofen auf der mittleren Schiene etwa 15 Minuten backen.

4. Dann die Backofentemperatur auf 150 °C reduzieren und die Platte noch 5 Minuten fertig backen, die Oberfläche soll dabei zart goldbraun werden. Aus dem Ofen nehmen und mit dem Backpapier auf ein Brett ziehen. Noch warm in 16 Bars (je etwa 3 x 10 cm) schneiden, auf einem Kuchengitter abkühlen lassen. Die Bars nach Belieben mit 50 g zerlassener Schokolade verzieren. In einer luftdicht verschließbaren Dose aufbewahren.

FÜR DEN KAFFEEKLATSCH

Die Nussriegel habe ich bewusst nicht stark gesüßt. Wenn Sie sie zum Kaffee servieren möchten, einfach zusätzlich noch 20 bis 30 g Birkenzucker unter den Teig kneten!

Mit LIEBE verpackt

Muffins, Mini-Gugel und Cookies sind die perfekten Geschenke für beste Freundinnen. Wenn sie dann noch kreativ und mit Liebe verpackt sind, werden sie zu ganz besonderen Glücklichmachern.

COOKIE DISC

Was Sie brauchen:
Papier, Filzstift, Masking Tape,
Papier-CD-Hüllen

1. Aus einem Bogen Papier kleine Etiketten zuschneiden und mit den Namen von Freunden oder süßen Grüßen beschriften.

2. Die kleinen (Namens-)Schilder mit Masking Tape auf den CD-Hüllen befestigen.

3. Jetzt nur noch die Cookies in die Hüllen stecken, und fertig ist das süße Give-away.

Übrigens: Die Cookie-CDs eignen sich auch super als Platzkarten auf dem Kaffeetisch!

MUFFINS TO GO

Was Sie brauchen: weiße Papiereisbecher
(à ca. 7 cm Durchmesser), gemustertes Geschenkpapier, Geschenkband

1. Die Becher nach Belieben mit einem Stempel dekorieren oder mit einem Filzstift beschriften (z. B. „Kein Hüftgold").

2. Aus dem Geschenkpapier pro Becher zwei Quadrate (à 10 x 10 cm) schneiden. Jeweils zwei Papierstücke mit der unteren Seite aufeinanderkleben.

3. Die Muffins in die Becher setzen. Die Papierquadrate als Deckel darauflegen und mit dem Geschenkband befestigen.

KÜCHLEIN IM GLAS

Was Sie brauchen: Gläser mit Schraubverschluss
(à ca. 7 cm Durchmesser; in ein ca. 7 ½ cm hohes Glas
passt 1 Muffin, 2 Küchlein passen in ein ca. 12 cm hohes
Glas), Muffinpapierbackförmchen, Geschenkband

1. Die Muffins in die Gläser setzen, die Gläser verschließen und je ein Papierbackförmchen darüberstülpen.

2. Dann das Geschenkband um das Papierbackförmchen knoten – das geht übrigens leichter, wenn man die Papierbackförmchen vorher mit einem Gummiband fixiert hat.

3. An dem Geschenkband nach Belieben Etiketten oder kleine Grußkarten mit doppelseitigem Klebeband befestigen.

SWEET SIXPACK

Was Sie brauchen:
1 6er-Eierkarton, Acrylfarbe, Pinsel,
Seidenpapier oder Mini-Muffinpapierbackförmchen

1. Den Eierkarton, falls nötig, von Etiketten befreien. Innen und außen mit einer Acrylfarbe nach Wahl anmalen und gut trocknen lassen.

2. Die Mulden des Kartons jeweils mit etwas Seidenpapier oder einem Mini-Muffinpapierbackförmchen auslegen und die Mini-Gugel hineinsetzen.

3. Nach Belieben noch hübsche Papierreste zu kleinen Fähnchen schneiden, mit Klebeband an Zahnstochern befestigen und diese zum Servieren in die Mini-Gugel stecken.

HELLES KÖRNERBROT
mit Flohsamenschalen

Der Klassiker für die perfekte Stulle: Ob herzhaft oder süß belegt, dieses Brot kann alles! Probieren Sie es auch einmal mit Schinken und Käse überbacken oder in Form von Croûtons zur Suppe.

ZUTATEN FÜR 1 LAIB (15 SCHEIBEN)

150 g Naturjoghurt
150 g Frischkäse (Doppelrahmstufe)
50 g Goldleinmehl
30 g Flohsamenschalenmehl
50 g helles Mandelmehl
3 Eier
½ TL Salz
1 TL Backpulver
50 g gemischte Körner (z. B. Sonnenblumen-, Kürbis- und Pinienkerne)

ZUBEREITUNG: 10 MIN.
BACKEN: 1 STD.

PRO SCHEIBE: CA. 105 KCAL, 5 G EW, 9 G F, 2 G KH

1. Den Backofen auf 180 °C vorheizen. Ein Backblech mit Backpapier belegen. Alle Zutaten in einer Schüssel mit den Knethaken des Handrührgeräts oder der Küchenmaschine gründlich zu einem Brotteig verkneten.

2. Aus dem Teig mit angefeuchteten Händen einen ovalen Laib formen und auf das Blech legen. Mit Wasser bestreichen, oben mehrmals parallel einschneiden und im Ofen auf der mittleren Schiene etwa 1 Stunde backen.

3. Aus dem Ofen nehmen und auf einem Kuchengitter abkühlen lassen. Am besten frisch essen – das Körnerbrot dazu in Scheiben schneiden und toasten, dann schmeckt es noch mal so gut!

HEUTE BACK ICH, MORGEN ...

Sie möchten das Brot nicht auf einmal essen? Dann frieren Sie es einfach ein – im Ganzen oder in Scheiben geschnitten. Das Brot nach dem Auftauen kurz im Backofen aufwärmen oder die Scheiben im Toaster rösten. Übrigens: In dem Brot steckt zwar bereits ein guter Teil Leinsamen in Form von Mehl, Sie können aber nach Belieben auch noch ein paar ganze Leinsamen unter die Körner mischen!

Ihre liebste Zeit ist die Brotzeit? Hier ist das Brot dazu!

WALNUSSBROT
mit Körner-Topping

Da ich Walnüsse liebe, ist dieses Brot mein absoluter Favorit:
so saftig und lecker! Man kann es auch mit Haselnüssen backen –
hier ist jeder Nussfan sein eigener Chef.

ZUTATEN FÜR 1 LAIB (15 SCHEIBEN)

30 g Walnusskerne
30 g Walnussmehl (siehe Tipp)
150 g Frischkäse (Doppelrahmstufe)
50 g Quark (20 % Fett)
3 Eier
50 g Goldleinmehl
20 g Leinmehl
½ TL Salz
1 TL Backpulver

FÜR DAS TOPPING

20 g gemischte Körner
(z. B. Sonnenblumen- oder
Kürbiskerne sowie helle
Sesamsamen)

ZUBEREITUNG: 10 MIN.
BACKEN: 1 STD.

PRO SCHEIBE: CA. 110 KCAL,
5 G EW, 9 G F, 2 G KH

1. Den Backofen auf 180 °C vorheizen. Ein Backblech mit Backpapier belegen. Die ganzen Walnüsse mit einem großen Messer grob hacken.

2. Die Nüsse mit den übrigen Zutaten in eine Schüssel geben. Alles mit den Knethaken des Handrührgeräts oder der Küchenmaschine gründlich zu einem Brotteig verkneten.

3. Aus dem Teig mit angefeuchteten Händen einen Laib formen, auf das Blech legen und mit den gemischten Körnern bestreuen. Das Brot oben über Kreuz einritzen und im Ofen auf der mittleren Schiene etwa 1 Stunde backen. Dabei gegen Ende der Backzeit mit Backpapier abdecken, damit die Oberfläche nicht zu stark bräunt. Herausnehmen und abkühlen lassen.

NUSSKERNE NACH WAHL

Sie können die grob gehackten Walnüsse nach Belieben durch andere Nüsse oder Kerne ersetzen. Bitte nicht verwechseln: Walnussmehl entspricht nicht einfach nur fein gemahlenen Walnusskernen. Denn das Mehl besteht aus den Nussresten, die bei der Herstellung von Walnussöl anfallen. Es enthält noch etwa 15 Prozent Walnussöl sowie pflanzliches Eiweiß und etwa 18 Prozent Ballaststoffe. Ideal für feine Backwaren und Kekse! Und: Walnussmehl ist glutenfrei.

ZUCCHINIBROT
mit Leinsamen

Dieses Brot duftet wunderbar, die gelben Zucchini verleihen ihm eine sonnig-helle Farbe. Ein ideales Brot auch zum Grillen, denn es bringt das Gemüse ja quasi schon mit.

ZUTATEN FÜR 1 KASTENFORM (25 CM, 20 SCHEIBEN)

200 grob geraspelte gelbe Zucchini
200 g Magerquark
20 g Leinsamen
100 g Goldleinmehl
3 Eier
1 TL Salz
2 TL Backpulver
2 TL getrocknete Zwiebeln

ZUBEREITUNG: 10 MIN.
BACKEN: 50 MIN.

PRO SCHEIBE: CA. 50 KCAL, 4 G EW, 3 G F, 1 G KH

1. Den Backofen auf 180 °C vorheizen. Die Form mit Backpapier auslegen. Alle Zutaten in einer Schüssel mit den Knethaken des Handrührgeräts oder der Küchenmaschine gründlich zu einem Brotteig verkneten.

2. Den Teig in die Form geben und oben rautenförmig einritzen. Das Brot im Ofen auf der mittleren Schiene etwa 50 Minuten backen. Dabei nach 30 Minuten aus dem Ofen und aus der Form nehmen.

3. Anschließend das Brot ohne Form auf das Ofengitter setzen und im Ofen fertig backen. Falls nötig, das Brot mit Backpapier abdecken, damit die Oberfläche nicht zu stark bräunt. Herausnehmen und abkühlen lassen.

SO SCHMECKT'S AUCH

Für gefüllte Zucchinibrötchen aus dem Teig 6 bis 8 kleine Brötchen formen und im auf 180 °C vorgeheizten Ofen etwa 40 Minuten backen. Nach dem Abkühlen aufschneiden, mit geriebenem Käse und getrockneten Tomaten füllen und nochmals so lange im Ofen überbacken, bis der Käse geschmolzen ist. Die Brötchen und auch das Brot schmecken mit Tomaten- und Gurkenscheiben belegt wunderbar zu gebratenem Hähnchenbrustfilet mit Remoulade.

KNÄCKEBROT
mit Sesamsamen

Haben Sie schon mal Knäckebrot selbst gemacht? Noch nie?
Dann wird es Zeit für diese superschnelle, supereinfache und
supergesunde Fernsehabend-Knabberei!

**ZUTATEN FÜR 1 BACKBLECH
(10 STÜCKE)**

40 g Sesammehl
40 g Goldleinmehl
1 Ei
1 EL helle Sesamsamen
½ TL Salz

ZUBEREITUNG: 10 MIN.
BACKEN: 30 MIN.

PRO STÜCK: CA. 55 KCAL,
2 G EW, 4 G F, 1 G KH

1. Den Backofen auf 180 °C (Umluft) vorheizen. Ein Backblech mit Backpapier belegen. Alle Zutaten mit 6 EL Wasser in einer Schüssel mit den Knethaken des Handrührgeräts oder der Küchenmaschine gründlich zu einem Brotteig verkneten.

2. Den Teig auf das Blech geben und gleichmäßig etwa ½ cm dünn verstreichen. Dabei am besten mit Backpapier arbeiten: Einfach den Teig grob auf dem Blech verteilen, ein Blatt Backpapier darauflegen und den Teig mit dem Nudelholz oder den Händen zwischen den Papieren möglichst dünn verstreichen. Dann das obere Backpapier abziehen.

3. Das Brot im Ofen auf der mittleren Schiene etwa 20 Minuten backen. Das Blech aus dem Ofen nehmen, um 180 Grad drehen und das Knäckebrot nochmals 10 Minuten backen. Herausnehmen und abkühlen lassen, dann in 10 Stücke brechen.

ZUM KNABBERN

Mischen Sie noch ein wenig rosenscharfes Paprikapulver unter den Teig und brechen Sie die Stücke kleiner – dann schmecken die Knäckestücke fast wie Tortilla-Chips.

TOASTBROT
für jeden Tag

Dieses Brot ist ein super Basisrezept: Man kann es nach Lust und Laune mit Kräutern, Knoblauch, Röstzwiebeln und noch viel mehr aufpeppen. Lassen Sie Ihrer Fantasie freien Lauf!

ZUTATEN FÜR 1 LAIB (18 SCHEIBEN)

100 g Frischkäse
(Doppelrahmstufe)
150 g Naturjoghurt
3 Eier
50 g Goldleinmehl
50 g helles Mandelmehl
½ TL Salz
1 TL Backpulver

ZUBEREITUNG: 10 MIN.
BACKEN: 50 MIN.

PRO SCHEIBE: CA. 65 KCAL,
3 G EW, 5 G F, 1 G KH

1. Den Backofen auf 180 °C vorheizen. Eine rechteckige Backform (15 × 25 cm) mit Backpapier auslegen. Alle Zutaten in einer Schüssel mit den Knethaken des Handrührgeräts oder der Küchenmaschine gründlich verkneten.

2. Den Teig in die Form geben und im Ofen auf der mittleren Schiene etwa 50 Minuten backen. Dabei gegen Ende der Backzeit das Brot mit Backpapier abdecken, damit die Oberfläche nicht zu stark bräunt. Herausnehmen und abkühlen lassen.

SCHÖN KROSS

Da die Low-Carb-Brote – anders als konventionell gebackene Brotsorten – meist Frischkäse, Joghurt oder Quark als Zutaten enthalten, haben sie einen höheren Feuchtigkeitsgehalt. Damit sie trotzdem knusprig schmecken, empfehle ich, sie am besten in Scheiben zu schneiden und zum Servieren zu toasten. Alternativ können Sie die Scheiben auch in einer Pfanne rösten oder im Ofen kurz aufbacken!

SMÖRGÅSTÅRTA
Schwedische Brottorte

Süße Kuchen und Torten sind toll – aber warum nicht mal eine pikante Torte servieren? Die Schweden haben sie erfunden – und ich mache sie in Low Carb. Ein Highlight auf jedem Büfett!

ZUTATEN FÜR 1 BROTTORTE (12 PORTIONEN)

1 selbst gebackenes Toastbrot (siehe Seite 104)
1 Bund Dill
400 g Frischkäse (Doppelrahmstufe)
Salz, Pfeffer aus der Mühle
1 TL Zitronensaft
200 g Räucherlachs (in Scheiben)
bunte Garnitur nach Belieben (siehe Tipp)

ZUBEREITUNG: 20 MIN.
KÜHLEN: 12 STD. ODER ÜBER NACHT

PRO PORTION: CA. 255 KCAL, 14 G EW, 21 G F, 4 G KH

1. Am Vortag das Toastbrot wie auf Seite 104 beschrieben backen und mind. 12 Stunden, am besten über Nacht, abkühlen lassen. Am nächsten Tag das Brot zweimal waagerecht durchschneiden, sodass 3 flache Böden entstehen.

2. Für die Füllung den Dill waschen und trocken tupfen, die Spitzen abzupfen und fein hacken. In einer Schüssel den Frischkäse mit dem Dill gründlich mischen und die Dillcreme mit Salz, Pfeffer und Zitronensaft würzen.

3. Den unteren Brotboden auf eine Platte setzen, mit einem Viertel der Dillcreme bestreichen und mit der Hälfte der Lachsscheiben belegen. Den mittleren Boden darauflegen, mit einem weiteren Viertel der Creme bestreichen und die übrigen Lachsscheiben darauflegen. Zuletzt den oberen Boden auf die Brottorte setzen und leicht andrücken.

4. Die restliche Dillcreme nochmals mit Salz und Pfeffer würzen und die Brottorte damit rundherum bestreichen. Zuletzt die Brottorte nach Belieben garnieren (siehe Tipp).

WERDEN SIE ZUM TORTEN-PICASSO!

Gestalten Sie die Torte, wie es Ihnen gefällt – ganz nach dem Motto von Pippi Langstrumpf! Für eine Blumenwiese nehme ich Petersilie und Dill für das „Gras", Schnittlauchhalme für die „Blumenstiele", Tomaten, Möhren und Gurken für die „Blüten" und ein gekochtes Eigelb für eine „Sonne"! Alternativ die Torte einfach mit Räucherlachsröllchen, Gurke, Schnittlauch und Dill garnieren (siehe Foto).

Eine Torte zum Abendessen? Warum nicht ...

PIZZABRÖTCHEN
als Kranz gebacken

Diese originelle Pizzabrötchen-Kette ist der Knaller auf jeder (Low-Carb-)Party! Die Brötchen sehen toll aus, duften verführerisch und schmecken nach Italien und Urlaub.

ZUTATEN FÜR 1 KRANZ (8 BRÖTCHEN)

30 g getr. Tomaten (in Öl)
30 g Salami (in Scheiben)
80 g geriebener Pizzakäse
100 g Quark (20 % Fett)
100 g Frischkäse (Doppelrahmstufe)
50 g Naturjoghurt
80 g Goldleinmehl
50 g helles Mandelmehl
3 Eier, ½ TL Salz
1 TL Backpulver
½ TL italien. Kräuter oder Pizzagewürz

AUSSERDEM

2 EL geriebener Pizzakäse zum Bestreuen

ZUBEREITUNG: 10 MIN.
BACKEN: 45 MIN.

PRO STÜCK: CA. 245 KCAL, 14 G EW, 20 G F, 4 G KH

1. Den Backofen auf 180 °C vorheizen. Ein Backblech mit Backpapier belegen. Die Tomaten abtropfen lassen und in kleine Würfel schneiden. Die Salami in feine Streifen schneiden.

2. Alle Zutaten in einer Schüssel mit den Knethaken des Handrührgeräts oder der Küchenmaschine gründlich verkneten.

3. Aus dem Teig mit angefeuchteten Händen 8 Brötchen formen. Die Brötchen auf dem Blech als Kranz aneinanderlegen und mit dem Käse bestreuen.

4. Den Brötchenkranz im Ofen auf der mittleren Schiene etwa 45 Minuten backen. Aus dem Ofen nehmen und auf einem Kuchengitter abkühlen lassen.

MAMMA MIA

Dieser Teig ist supervielseitig: Natürlich können Sie auch normale Brötchen oder Pizzastangen daraus backen. Für ein Pizzabrot aus dem Teig mit angefeuchteten Händen einen Laib formen und im Ofen bei der angegebenen Temperatur auf einem Backblech backen – in diesem Fall verlängert sich die Backzeit um etwa 15 Minuten.

THYMIANSTANGEN
mit Parmesan

Diese Stangen sind echte Verwandlungskünstler. Egal, welche Kräuter Sie verwenden und ob Sie lieber mal einen kräftigen Bergkäse statt Parmesan nehmen – lecker sind sie immer!

ZUTATEN FÜR 8 STANGEN

50 g Frischkäse
(Doppelrahmstufe)
150 g Quark (20 % Fett)
3 Eier, 50 g Goldleinmehl
30 g Flohsamenschalenmehl
2 EL Olivenöl
30 g geriebener Parmesan
1 Handvoll Thymianblättchen
1 TL Salz

ZUBEREITUNG: 10 MIN.
BACKEN: 25 MIN.

PRO STÜCK: CA. 140 KCAL,
9 G EW, 11 G F, 3 G KH

1. Den Backofen auf 180 °C vorheizen. Ein Backblech mit Backpapier belegen. Alle Zutaten in einer Schüssel mit den Knethaken des Handrührgeräts oder der Küchenmaschine gründlich zu einem Teig verkneten.

2. Aus dem Teig mit angefeuchteten Händen 8 Stangen formen. Auf das Blech legen und im Ofen auf der mittleren Schiene etwa 25 Minuten backen. Anschließend aus dem Ofen nehmen und auf einem Kuchengitter abkühlen lassen.

ALLES KÄSE, ODER WAS?

Die Thymianstangen schmecken ganz dezent nach Käse. Wenn Sie es deftiger mögen, die Parmesanmenge einfach verdoppeln. Anstelle von Stangen können Sie aus dem Thymianbrotteig auch 6 Brötchen formen und wie beschrieben backen.

CHILIBRÖTCHEN
mit Kokosmehl

Low Carb goes Asia! Klingt spannend, oder? Hier kommen Kokosmehl und Chiliflocken in den Teig, das verleiht ihm ein tolles Aroma und – je nach Menge der Chiliflocken – auch Schärfe.

ZUTATEN FÜR 6 BRÖTCHEN

150 g Quark (20 % Fett)
100 g Frischkäse
(Doppelrahmstufe)
50 g Goldleinmehl
50 g Kokosmehl
3 Eier
½ TL Salz
1 TL Backpulver
½–1 TL Chiliflocken

ZUBEREITUNG: 10 MIN.
BACKEN: 45 MIN.

PRO STÜCK: CA. 180 KCAL,
12 G EW, 13 G F, 5 G KH

1. Den Backofen auf 180 °C vorheizen. Ein Backblech mit Backpapier belegen. Alle Zutaten in einer Schüssel mit den Knethaken des Handrührgeräts oder der Küchenmaschine gründlich verkneten. Dabei die Chiliflocken in der gewünschten Menge dazugeben und unterrühren.

2. Aus dem Teig mit angefeuchteten Händen 6 Brötchen in beliebiger Gestalt formen – ich habe mich beispielsweise an Blättern versucht (siehe Foto).

3. Die Brötchen auf das Blech legen und im Ofen auf der mittleren Schiene etwa 45 Minuten backen. Aus dem Ofen nehmen und auf einem Kuchengitter abkühlen lassen.

ASIATISCH VARIIERT

Milder und trotzdem genauso asiatisch schmecken die Brötchen, wenn Sie statt der Chiliflocken die gleiche Menge gemahlenen Koriander unter den Teig mischen.

PAPRIKAMUFFINS
mit Schafskäse

**Bei diesen Muffins sorgt würziger Feta für das gewisse Etwas.
Die pikanten Küchlein sind übrigens perfekt für einen
gesunden Lunch im Büro, denn sie schmecken auch kalt.**

ZUTATEN FÜR 12 MUFFINS

1 rote Paprikaschote
1 Zwiebel
1 Knoblauchzehe
½ Bund Thymian
Salz, Pfeffer aus der Mühle
3 Eier
100 g Schmand
25 g Sesammehl
2 TL Backpulver
100 g Schafskäse (Feta)

AUSSERDEM
neutrales Öl zum Braten
12 beschichtete Muffinpapier-
backförmchen

Zubereitung: 15 Min.
Backen: 30 Min.

PRO STÜCK: CA. 90 KCAL,
4 g EW, 7 g F, 2 g KH

1. Den Backofen auf 200 °C vorheizen. Die Papierbackförmchen auf einem Backblech verteilen. (Sie können die Küchlein natürlich auch in einem Muffinblech backen.)

2. Die Paprika längs halbieren, entkernen, waschen und in Würfel schneiden. Die Zwiebel schälen und in feine Würfel schneiden. Den Knoblauch schälen und fein reiben. Den Thymian waschen, trocken tupfen und die Blättchen abzupfen.

3. In einer Pfanne 1 EL Öl erhitzen und Paprika, Zwiebel, Knoblauch und Thymian darin bei mittlerer Hitze anbraten. Mit Salz und Pfeffer würzen (Vorsicht mit dem Salz, der Feta ist salzig!). Vom Herd nehmen und etwas abkühlen lassen.

4. Inzwischen die Eier mit Schmand, Sesammehl und Backpulver gründlich verrühren. Das angebratene Gemüse dazugeben. Den Schafskäse in Würfel schneiden und ebenfalls unterrühren. Die Masse auf die Förmchen verteilen und im Ofen auf der mittleren Schiene etwa 30 Minuten backen. Aus dem Ofen nehmen und kurz abkühlen lassen, dann aus den Formen lösen und vollständig abkühlen lassen.

WAS GIBT'S DAZU?

Da Schmand meist in 200-g-Bechern im Handel ist, können Sie aus den restlichen 100 g mit 1 Bund Schnittlauch einen schnellen Dip zubereiten. Dazu den Schnittlauch waschen, trocken tupfen und in feine Röllchen schneiden. Dann mit Schmand verrühren, mit Salz, Pfeffer und 1 Spritzer Zitronensaft würzen und zu den Muffins servieren.

LAUCH & SPECK 1

BIRNE & GORGONZOLA 2

FLAMMKUCHEN
4-mal anders

Einen Teig kneten, vier Flammkuchen
zaubern – diese knusprigen Prachtstücke sind
bis zum letzten Krümel ein Genuss.

3 SPINAT & FETA

4 GEMÜSE &
MOZZARELLA

DER BODEN

**FÜR 1 FLAMMKUCHEN
(8 STÜCKE)**

2 Eier
100 g geriebener Käse
(z. B. Gouda oder Emmentaler)
150 g Quark (20 % Fett)

ZUBEREITUNG: 15 MIN.
BACKEN: 30 MIN.

PRO STÜCK: CA. 80 KCAL,
7 G EW, 6 G F, 0 G KH

1. Für den Boden den Backofen auf 160 °C vorheizen. Ein Blech mit Backpapier belegen. Die Eier in einer Schüssel mit Käse und Quark mit den Quirlen des Handrührgeräts gründlich verrühren.

2. Die Masse auf das Backblech geben und zu einem Oval verstreichen. Im Ofen auf der mittleren Schiene 20 Minuten backen, bis der Rand leicht gebräunt und die Oberfläche fest ist. Den Boden aus dem Ofen nehmen und abkühlen lassen. Den Ofen nicht ausschalten.

3. Den Flammkuchenboden nach Lust und Laune belegen und dann 5 bis 10 Minuten fertig backen – wenn Speck dabei ist, nach Belieben noch kurz den Backofengrill dazuschalten.

Das KOMMT DRAUF

1
LAUCH & SPECK
DER KLASSIKER

1 Stange Lauch (ersatzweise 1 Bund Frühlingszwiebeln),
200 g Schmand, Salz, Pfeffer aus der Mühle,
50 g Bauernspeck (in Streifen)

Pro Stück: ca. 160 kcal, 8 g EW, 14 g F, 2 g KH

Lauch putzen, waschen und in feine Scheiben schneiden. Mit Schmand mischen und alles mit Salz und Pfeffer würzen. Die Mischung auf dem Flammkuchenboden verteilen und mit Speckstreifen bestreuen. Den Flammkuchen im Ofen etwa 10 Minuten fertig backen, dann kurz übergrillen, bis der Speck knusprig ist.

BIRNE & GORGONZOLA

DER RUSTIKALE

2 Birnen, 50 g Gorgonzola, 100 g Schmand,
50 g Bauernspeck (in Streifen), Pfeffer aus der Mühle,
1 EL Thymianblättchen

Pro Stück: ca. 170 kcal, 10 g EW, 12 g F, 6 g KH

Birnen schälen, vierteln, entkernen und in Scheiben schneiden. Gorgonzola und Schmand mit dem Stabmixer pürieren und auf dem Flammkuchenboden verteilen. Die Birnenscheiben und den Speck daraufgeben. Den Flammkuchen im Ofen etwa 10 Minuten fertig backen, dann kurz übergrillen, bis der Speck knusprig ist. Zum Servieren mit Pfeffer und Thymian bestreuen.

SPINAT & FETA

POPEYE MEETS GREECE

4 Handvoll Blattspinat (ersatzweise 150 g Mangold),
1 Knoblauchzehe, 1 kleine gelbe Paprikaschote,
5 Cocktailtomaten, 1 EL Olivenöl, 200 g Schmand,
50 g Schafskäse (Feta), Pfeffer aus der Mühle

Pro Stück: ca. 180 kcal, 9 g EW, 14 g F, 2 g KH

Den Spinat verlesen und waschen, grobe Stiele entfernen, die Spinatblätter grob hacken. Den Knoblauch schälen und fein hacken. Die Paprika längs halbieren, entkernen, waschen und in Würfel schneiden. Tomaten waschen und halbieren. Spinat, Knoblauch und Paprika in einer Pfanne im Öl anbraten. Den Schmand auf dem Flammkuchenboden verstreichen, das Gemüse darauf verteilen. Die Tomaten daraufsetzen, den Schafskäse darüber zerkrümeln und alles mit Pfeffer

würzen. Den Flammkuchen unter dem Backofengrill kurz übergrillen, bis der Käse etwas Farbe bekommen hat. Sofort servieren.

WENN GÄSTE KOMMEN

Die Flammkuchen können Sie super vorbereiten und erst wenn die Gäste da sind, belegen und fertig backen.

GEMÜSE & MOZZARELLA

DER MEDITERRANE

30 g Pinienkerne, 1 Kugel Mozzarella (125 g),
150 g Crème fraîche, 100 g gegrilltes Gemüse
(z. B. Paprika, Zucchini, Aubergine, Tomate,
ersatzweise getr. Tomaten in Öl)

Pro Stück: ca. 220 kcal, 10 g EW, 18 g F, 2 g KH

Die Pinienkerne in einer beschichteten Pfanne ohne Fett hell anrösten, herausnehmen und abkühlen lassen. Inzwischen den Mozzarella in Würfel schneiden. Die Crème fraîche auf dem Flammkuchenboden verstreichen, Grillgemüse und Mozzarella darauf verteilen. Dann die Pinienkerne darüberstreuen. Den Flammkuchen im Ofen etwa 5 Minuten fertig backen, dann kurz übergrillen, bis der Käse zerläuft. Dabei darauf achten, dass die Pinienkerne nicht verbrennen.

PIZZABODEN
aus Mozzarella und Mandeln

Mit Pizza zur Traumfigur? Hört sich unmöglich an! Mit meinem knusprigen Boden aus Mandelmehl und Frischkäse geht das aber spielend – denn die Pizza ist damit absolut Low Carb.

ZUTATEN FÜR 1 PIZZABODEN (8 STÜCKE)

FÜR DEN TEIG
2 Kugeln Mozzarella (250 g)
1 EL Frischkäse
(Doppelrahmstufe)
120 g helles Mandelmehl
2 Eier, Salz
½ TL getr. Oregano oder
Rosmarin

FÜR DEN BELAG
4 EL passierte Tomaten
(aus Dose oder Glas)
Belag nach Wunsch
(z. B. Schinken, Salami, Thunfisch, Zwiebeln, Mozzarella
oder Pizzakäse)

AUSSERDEM
Mandelmehl zum Arbeiten

ZUBEREITUNG: 20 MIN.
BACKEN: 20 MIN.

PRO STÜCK: CA. 285 KCAL,
16 G EW, 24 G F, 3 G KH

1. Den Backofen auf 220 °C vorheizen. Ein Backblech mit Backpapier belegen. Für den Teig den Mozzarella grob reiben oder in kleine Würfel schneiden. In einem kleinen Topf mit dem Frischkäse mischen und bei schwacher Hitze vorsichtig schmelzen, dabei immer wieder umrühren.

2. Die Käsemasse mit Mandelmehl und Eiern mischen, mit 1 Prise Salz würzen und Oregano oder Rosmarin dazugeben. Alles mit den Knethaken des Handrührgeräts oder der Küchenmaschine so lange kneten, bis ein Teig entstanden ist, der sich gut ausrollen lässt. Den Teig nochmals 2 Minuten gründlich kneten.

3. Den Teig auf etwas Mandelmehl mit dem Nudelholz möglichst dünn zu einem Rechteck ausrollen, auf das Blech legen und mit einer Gabel mehrmals einstechen. Im Ofen auf der mittleren Schiene etwa 10 Minuten vorbacken.

4. Den Pizzaboden herausnehmen und wie eine normale Pizza belegen: Dazu zuerst mit den passierten Tomaten bestreichen und mit Schinken, Salami, Zwiebeln, Käse etc. belegen. Nach Belieben mit frischen Kräutern wie Rosmarin und Oregano bestreuen. Die Pizza im Ofen auf der mittleren Schiene nochmals etwa 10 Minuten backen, bis der Käse zerläuft. Herausnehmen und sofort servieren.

Gemüse statt Mehl – der geniale Low-Carb-Teig!

PIZZAROLLE
mit Blumenkohlboden

Blumenkohl als Basis für Pizzateig? Klingt seltsam, ist aber in der Low-Carb-Welt der Renner! Ich habe mit Tomaten und Basilikum eine Rolle in den italienischen Nationalfarben kreiert.

ZUTATEN FÜR 1 PIZZAROLLE (4 PORTIONEN)

FÜR DEN BODEN
350 g Blumenkohl, Salz
150 g geriebener Käse
(z. B. Emmentaler, Gouda)
2 Eier
Pfeffer aus der Mühle

FÜR DIE FÜLLUNG
50 g getr. Tomaten (in Öl)
100 g stückige Tomaten
(aus Dose oder Glas)
Salz, Pfeffer aus der Mühle
einige Basilikumblätter
100 g geriebener Pizzakäse
(oder Mozzarella in Scheiben)

ZUBEREITUNG: 20 MIN.
KÜHLEN: 10 MIN.
BACKEN: 45 MIN.

PRO PORTION: CA. 300 KCAL,
20 G EW, 22 G F, 5 G KH

1. Den Backofen auf 185 °C (Umluft) vorheizen. Ein Backblech mit Backpapier belegen. Für den Boden den Blumenkohl putzen, waschen und grob zerteilen. In der Küchenmaschine oder im Blitzhacker in Reiskorngröße raspeln, auf dem Blech verteilen und salzen. Im Ofen auf der mittleren Schiene etwa 10 Minuten backen (dadurch verdunstet Flüssigkeit). Herausnehmen und 10 Minuten abkühlen lassen. Den Ofen nicht ausschalten.

2. Die Blumenkohlraspel in einer Schüssel mit Käse und Eiern mischen und pfeffern. Die Masse auf dem Backblech zu einem Rechteck (27 x 33 cm) verstreichen. Im Ofen auf der mittleren Schiene 20 bis 25 Minuten hellbraun backen.

3. Den Boden aus dem Ofen nehmen, wie einen Biskuit mit dem Backpapier auf ein weiteres Blatt Backpapier stürzen und das obere Backpapier vorsichtig ablösen. Die Backofentemperatur auf 150 °C reduzieren. Das Blech wieder mit Backpapier belegen.

4. Für die Füllung die getrockneten Tomaten gut abtropfen lassen und mit den stückigen Tomaten in einem hohen Rührbecher mit dem Stabmixer fein pürieren, mit Salz und Pfeffer würzen. Basilikum waschen, trocken tupfen und fein schneiden. Die Tomatensauce mit Basilikum mischen und auf dem Boden verstreichen.

5. Den Boden mit Käse bestreuen, mithilfe des Backpapiers vorsichtig aufrollen und auf das Blech setzen. Die Pizzarolle im Ofen mit Backpapier bedeckt etwa 10 Minuten fertig backen, bis der Käse geschmolzen ist. Herausnehmen, kurz abkühlen lassen und sofort servieren, dazu am besten quer in Scheiben schneiden.

BROT, BRÖTCHEN & PIKANTES

GEMÜSEQUICHE
mit Yufkateig

Ob schnelles Mittagessen, deftige Veggie-Beilage oder Snack zum Wein – diese Quiche ist schnell gezaubert und lässt sich mit allem zubereiten, was Sie gerade im Kühlschrank finden.

ZUTATEN FÜR 1 SPRINGFORM (28 CM DURCHMESSER, 12 STÜCKE)

4 Yufka- oder Filoteigblätter
600 g Gemüse nach Wahl
(z. B. Frühlingszwiebeln, Zucchini, gelbe Paprika- schoten, Cocktailtomaten)
neutrales Öl zum Braten
Salz, Pfeffer aus der Mühle
250 g griech. Joghurt
(10 % Fett)
3 Eier
50 g geriebener Parmesan

ZUBEREITUNG: 15 MIN.
BACKEN: 30 MIN.

PRO STÜCK: CA. 100 KCAL,
5 G EW, 5 G F, 8 G KH

1. Den Backofen auf 200 °C vorheizen. Die Form mit den Yufka- oder Filoteigblättern auslegen.

2. Das Gemüse putzen, waschen und in mundgerechte Stücke schneiden. In einer Pfanne in wenig Öl kurz vorgaren, dann vom Herd nehmen, mit Salz und Pfeffer würzen und abkühlen lassen. Die Tomaten nur waschen und halbieren.

3. Für den Guss Joghurt, Eier und Parmesan in einer Schüssel mit den Quirlen des Handrührgeräts gründlich verrühren. Mit Salz und Pfeffer würzen und nach Belieben 2 EL gehackte Kräuter nach Wahl untermischen. Den Guss in die Form gießen und das Gemüse daraufsetzen (siehe Tipp).

4. Die Quiche im Ofen auf der mittleren Schiene etwa 30 Minuten backen, bis sie Farbe angenommen hat. Herausnehmen und vor dem Servieren kurz abkühlen lassen.

DAS AUGE ISST MIT

Für die perfekte Optik zuerst den Eierguss auf den Teigboden füllen und dann das Gemüse darauflegen. Also nicht, wie meist üblich, das Gemüse in die Form legen und dann mit der Eiermasse übergießen. Übrigens sind die Yufkateigblätter streng genommen nicht Low Carb; da sie aber hauchdünn ausgerollt sind, fallen die Kohlenhydrate bei der Quiche nicht ins Gewicht.

ZWIEBELKUCHEN
mit Bergkäse

Zutaten für 1 Backblech (20 Stücke)

Für den Teig
300 g helles Mandelmehl
250 g gesalzene kalte Butter (in Würfeln)
2 Eier, 1 TL Chiliflocken
1 EL getr. gemischte Kräuter

Für den Belag
200 g Bacon oder Schinkenspeck (am Stück)
1 kg Zwiebeln
4 Eier
300 g Schmand
Salz, Pfeffer aus der Mühle
1 TL getr. Majoran
100 g geriebener Bergkäse

Ausserdem
300 g getrocknete Hülsenfrüchte zum Blindbacken
neutrales Öl zum Braten

Zubereitung: 20 Min.
Kühlen: 20 Min.
Backen: 40 Min.

Pro Stück: ca. 300 kcal,
10 g EW, 28 g F, 4 g KH

1. Backofen auf 200 °C (Umluft) vorheizen. Ein Backblech mit Backpapier belegen. Für den Teig alle Zutaten in der Küchenmaschine oder mit den Händen auf der Arbeitsfläche zügig verkneten. Den Teig auf dem Blech mit dem Nudelholz ausrollen, mit Backpapier belegen und die Hülsenfrüchte daraufgeben.

2. Den Boden im Ofen auf der mittleren Schiene etwa 15 Minuten blindbacken. Aus dem Ofen nehmen, Backpapier und Hülsenfrüchte entfernen und den Boden nochmals 5 Minuten backen. Herausnehmen und etwa 20 Minuten abkühlen lassen.

3. Für den Belag den Speck in feine Würfel schneiden. Die Zwiebeln schälen und in dünne Ringe schneiden. Etwas Öl in einer Pfanne erhitzen, Speckwürfel und Zwiebelringe darin bei schwacher Hitze anbraten. Anschließend vom Herd nehmen und etwas abkühlen lassen.

4. Für den Guss die Eier mit dem Schmand verrühren und die Speckzwiebeln dazugeben. Mit Salz, Pfeffer und Majoran würzen. Den Käse hinzufügen und die Mischung bis zum Rand auf dem Boden verteilen.

5. Den Zwiebelkuchen im Ofen auf der mittleren Schiene etwa 20 Minuten backen, bis die Oberfläche goldbraun ist. Aus dem Ofen nehmen und vor dem Servieren kurz abkühlen lassen.

KLASSIKER LIGHT

Ein würziger Boden mit einem köstlichen Belag aus Zwiebeln, Speck, Schmand und Käse: Die Low-Carb-Variante des Klassikers aus dem Elsass steht dem Original geschmacklich in nichts nach. Ihre Gäste werden begeistert sein!

PANNENHILFE
und Zaubertricks

Low Carb backen ist nicht schwer – und meine stressfreien Rezepte sind erst recht keine Zauberei! Trotzdem kann einem der eine oder andere Trick schnell weiterhelfen. Und ein bisschen Know-how und „Gewusst wie" ersetzen dann den Zauberstab ...

HILFE, MEIN TEIG IST ZU FEST!

Sie haben sich genau ans Rezept gehalten und trotzdem ist der Teig zu fest? Dann kann es sein, dass das Mehl, das Sie verwendet haben, mehr Flüssigkeit aufnimmt als das, das ich benutze. Man kann vorbeugen, indem man sich an die Mehlmenge langsam herantastet, also nicht die ganze angegebene Menge auf einmal hinzufügt. Wenn es dafür zu spät ist, auch kein Problem! Sie können den Teig jederzeit mit ein wenig Milch oder Sahne strecken.

TEIG AUSROLLEN – SO GEHT'S GANZ ENTSPANNT

Im Buch gibt es einige Rezepte, bei denen Teig ausgerollt werden muss. Vor allem bei Mürbeteig ist es oft ein wenig knifflig, denn er soll schnell verarbeitet werden und klebt gerne an. Sie kennen sicher den Tipp, ihn zwischen Frischhaltefolie auszurollen – aber ehrlich gesagt: So wirklich toll ist das nicht! Daher mein Tipp: Rollen Sie ihn zwischen zwei Lagen Backpapier aus! Anders als die Folie ist Backpapier stabil, und der Teig bleibt nicht kleben.

WAS TUN? MEIN KUCHEN BRÄUNT ZU STARK

Kein Problem, die Oberfläche einfach mit Backpapier abdecken! Und bitte bedenken: Jeder Ofen bäckt anders, die tatsächlichen Temperaturen im Ofenraum stimmen so gut wie nie mit den angezeigten überein. Daher immer aufpassen und sich nicht blind auf die Backzeiten verlassen – zur Not hilft die gute alte Stäbchenprobe.

FORMEN MIT BACKPAPIER AUSLEGEN? DA HABE ICH EINEN TRICK!

Ich würde mich grundsätzlich nicht als faul bezeichnen – aber wenn ich etwas nicht mag, dann ist es spülen. Daher lege ich alle Auflaufformen, Tortenformen und Backbleche IMMER mit Backpapier aus – es sei denn, ich weiß, sie sind gut beschichtet. Dank Backpapier bekommt man Kuchen superleicht aus der Form: Nichts klebt an, und man spart Zeit. Und so falte ich das Papier für die runden Formen: Das Papier mehrmals zur Mitte hin falten, bis man nur noch eine Art Pfeil hat. Dann die Spitze in die Mitte der Form legen, das Ende passend ausschneiden und das Papier ausbreiten. Genauso mache ich es übrigens auch, wenn ich runde Kuchen im Ofen abdecken will.

IM REZEPT STEHT MANDELMEHL, ICH HABE ABER NUR KOKOSMEHL IM HAUS …

Oder umgekehrt. Passiert oft, gerade wenn man spontan etwas backen will. Die Mehle kann man leider nicht 1:1 ersetzen: Da Kokosmehl viel mehr Flüssigkeit aufnimmt, braucht man deutlich weniger davon. Hier eine kleine Umrechnungshilfe: 100 g helles Mandelmehl sind etwa 60 g Kokosmehl. Wollen Sie ein herkömmliches Rezept umschreiben, dann entsprechen 100 g Weizenmehl etwa 40 g Kokosmehl bzw. 80 g hellem Mandelmehl. Ich schreibe „etwa", dosieren Sie am besten esslöffelweise!

MEIN
Back-Tagebuch

Sie haben einen neuen Back-Liebling gefunden und damit auch schon andere glücklich gemacht? Für die Deko hatten Sie eine eigene Idee oder Sie haben eine Zutat ausgetauscht? Dann können Sie das hier notieren – ich habe schon mal angefangen auszufüllen ...

Schokotarte

gebacken am: *15. August*

gebacken für: *Paulina*

Meine Variation:
Eine Menge essbarer Blüten ♡

gebacken am:

gebacken für:

Meine Variation:

gebacken am:

gebacken für:

Meine Variation:

gebacken am:

gebacken für:

Meine Variation:

gebacken am:

gebacken für:

Meine Variation:

gebacken am:

gebacken für:

Meine Variation:

gebacken am:

gebacken für:

Meine Variation:

gebacken am:

gebacken für:

Meine Variation:

gebacken am:

gebacken für:

Meine Variation:

gebacken am:

gebacken für:

Meine Variation:

Low-Carb- SCHOKOKUCHEN

Zutaten: Glasinhalt plus 100 g weiche Butter, 3 Eier, 100–120 ml Milch

Den Backofen auf 180 °C vorheizen. Eine Springform
(20 oder 28 cm Durchmesser) mit Backpapier auslegen.
Die Nüsse aus dem Glas nehmen und beiseitestellen. Die restlichen Zutaten mit der weichen Butter und den Eiern in einer
Schüssel gründlich verrühren. So viel Milch dazugießen,
dass ein zäher Rührteig entsteht. Den Teig in der Form glatt
verstreichen und die Nüsse gleichmäßig darauf verteilen.
Den Kuchen im Ofen auf der mittleren Schiene 25 Minuten
(bei 28 cm Durchmesser) oder 35 Minuten (bei 20 cm Durchmesser) backen. Herausnehmen und etwas abkühlen lassen.

>> Ich könnte mich in diesen Brownie-Teig reinlegen. Ich liebe dieses Rezept, endlich etwas, das nicht nach Low Carb schmeckt, es aber eindeutig ist! Danke, liebe Petra! <<

» Hallo, ich bin von deinen einfachen Rezept begeistert! Die Zutaten hab ich fast immer im Haus, es dauert nicht lange – und sogar mein Mann sollte das ohne viel Erklärung hinbekommen. «

 J

PETRA HOLA-SCHNEIDER

ist in Böhmen aufgewachsen, inmitten von
Knödeln, Mehlspeisen und Saucen. Die Liebe
zum Kochen, Backen und Genießen wurde ihr
praktisch in die Wiege gelegt. Im Zuge einer
Ernährungsumstellung hat Petra Hola-Schneider vor Jahren die Low-Carb-Küche für sich
entdeckt, 2014 begann sie, ihre Rezepte auf
ihrem Blog „Holla die Kochfee" zu präsen-
tieren. Ihre vielen Fans lieben vor allem ihre
stressfreien Low-Carb-Backrezepte, ihre Muffins, Kuchen, Torten und Brote sind die absoluten Renner. Mit diesem Backbuch hat sich
die „Kochfee" einen lang gehegten Traum
erfüllt.

DANKSAGUNG

Danke an den ZS Verlag und die beiden
Kathrins für die tolle Zusammenarbeit!
Danke an Anke dafür, dass sie meine Back-
werke so wunderbar in Szene gesetzt hat.
Und vor allem ein Danke an meine Familie,
die es (fast) ohne Murren hingenommen hat,
dass es bei uns eine ganze Weile deutlich
mehr Gebackenes gab als gebügelte Wäsche!
Das Buch zu schreiben, war eine tolle Erfah-
rung, die ich nicht missen möchte.

WARNHINWEIS

Vorsicht bei Hunden: Wenn sie Birkenzucker
(Xylit) verzehren, kann es zur Ausschüttung
von Insulin und einem möglicherweise sogar
tödlichen Abfall von Blutzucker kommen.
Daher Birkenzucker und alles damit Gebackene unbedingt an einem sicheren Ort
aufbewahren! Für Katzen ist Birkenzucker
dagegen unbedenklich.

Die Nährwerte in diesem Buch wurden
mit dem Programm PRODI® 6.0 Compact Plus
berechnet.

© 2016 ZS Verlag GmbH
Kaiserstraße 14 b
D-80801 München

ISBN 978-3-89883-604-3
1. Auflage 2016

Projektleitung: Kathrin Ullerich
Lektorat: Kathrin Gritschneder
Grafische Gestaltung: Ronja Bernhardt
Fotografie: Anke Schütz
Fotoassistenz: Kirsten Petersen, Tania Schultz
Foodstyling: Diane Dittmer
Herstellung & Producing: Jan Russok
Druck & Bindung: optimal media GmbH,
Röbel

Die ZS Verlag GmbH ist ein Unternehmen
der Edel AG, Hamburg.
www.zsverlag.de | www.facebook.com/zsverlag

Auf den Geschmack gekommen?

Foodbloggerin Veronika Pachala verrät ihre besten Rezepte für kleine und große Genießer: ohne Kuhmilch, raffinierten Zucker und Weizen.

Veronika Pachala
Gesund kochen ist Liebe
€ [D] 18,99
ISBN 978-3-89883-489-6